Seiroku Honda

本多静六

私の生活流儀

偉大な学者でありながら
巨億の富を築いた哲人が説く
健康・家庭円満・利殖の秘訣

実業之日本社

人間は耄碌するから働けないのではなく、
働かないから耄碌するのだ。

いよいよ倒れるまで
働学併進を楽しむことが、
最大最良の健康長寿法である。

最晩年の本多静六

どんな小さな理想（一歩前進）でもよろしい。
それが一たび実現すれば、
もはやそれはその人の人生の現実となる。
しかも、その現実を土台として
第二のより高き理想が現れてくる。

私の肉体は、――百二十まで生きると頑張っても――
いつかは滅び去るであろうが、
私の思想と事業は、永劫につたわり、
永久に生き残ると信じて、
最後まで働き通そうと決意したのである。

世の中で、一番ありふれて、
一番真剣なのが金儲けの道である。
不正でない方法、不正でない努力で、
金儲けに成功できるものは、
どこかに常人の及ばないエラさがあると私は信ずる。

東京帝国大学千葉演習林での造林実習（大正14年4月）

私の略歴――

慶応二年（一八六六）、埼玉県三箇村河原井（現在の菖蒲町）に生まれた。

十一歳のときに父を失い、百姓や米搗きをしながら苦学した。十九の春、東京山林学校に入学、第一期試験に落第、悲観して古井戸に投身したが死に切れず、思い直して決死的勉強の末、二学期引きつづき最優等で銀時計を賞与された。これで落第するほど愚鈍な生まれつきでも、努力次第で何事にも成功するという自信を得た。

そして働学併進が趣味となり、極端な耐乏苦学も、逆に愉快となり、満二十五歳で日本と独逸《ドイツ》の両大学を卒業、東京帝大の助教授になった。そのとき、生涯の生き方、すなわち人生計画を、「四十までは勤倹貯蓄、生活安定の基礎を築き、六十までは専心究学、七十まではお礼奉公、七十からは山紫水明の温泉郷で晴耕雨読の楽居」と定め、かつ毎日一頁以上の文章執筆と、月給四分の一天引き貯金の二つの行を始めた。そして四十歳で貯金の利息が本俸以上になり、宿願――万巻の書を読み、万里の道を往く――を実行、洋行十九回、足跡を六大洲に印し、三百七十冊余の著書を公けにした。

教職の余暇には東京府市・内務・文部・農林・鉄道等の嘱託顧問をし、日比谷公園・明治神宮・鉄道防雪林・国立公園・水源林・行路樹等の設計改良に当たり、また関東大震災後、復興院参与、都市計画委員、帝国森林会、庭園協会、都市美協会、学生誘掖会その他十七余の会長、副会長を兼ねた。また渋沢栄一氏等実業家の顧問としても、秩父セメント・武蔵水電・田園都市・日新ゴム等多くの開拓植林事業、各地水力発電所の風景破壊問題等を解決するなど、民間事業にも関係した。

満六十の停年後は「人並外れた大財産や名誉の位置は幸福そのものではない。身のため子孫のため有害無益である」と悟り、財産のほとんどすべてを、隠れて社会事業に喜捨、再び働学併進の簡素生活に帰り、七十歳までの十年間、宗教・哲学・歴史・経済・法制等の新刊書を耽読し、たまたまアインシュタインの相対性原理を知るに及び、大いに啓発されるに至った。爾来新たに十年計画をたて、学生時代に若返り、畢生の努力をもって「新人生学」の研究に努めている。

昭和二十六年十月

本多　静六　識

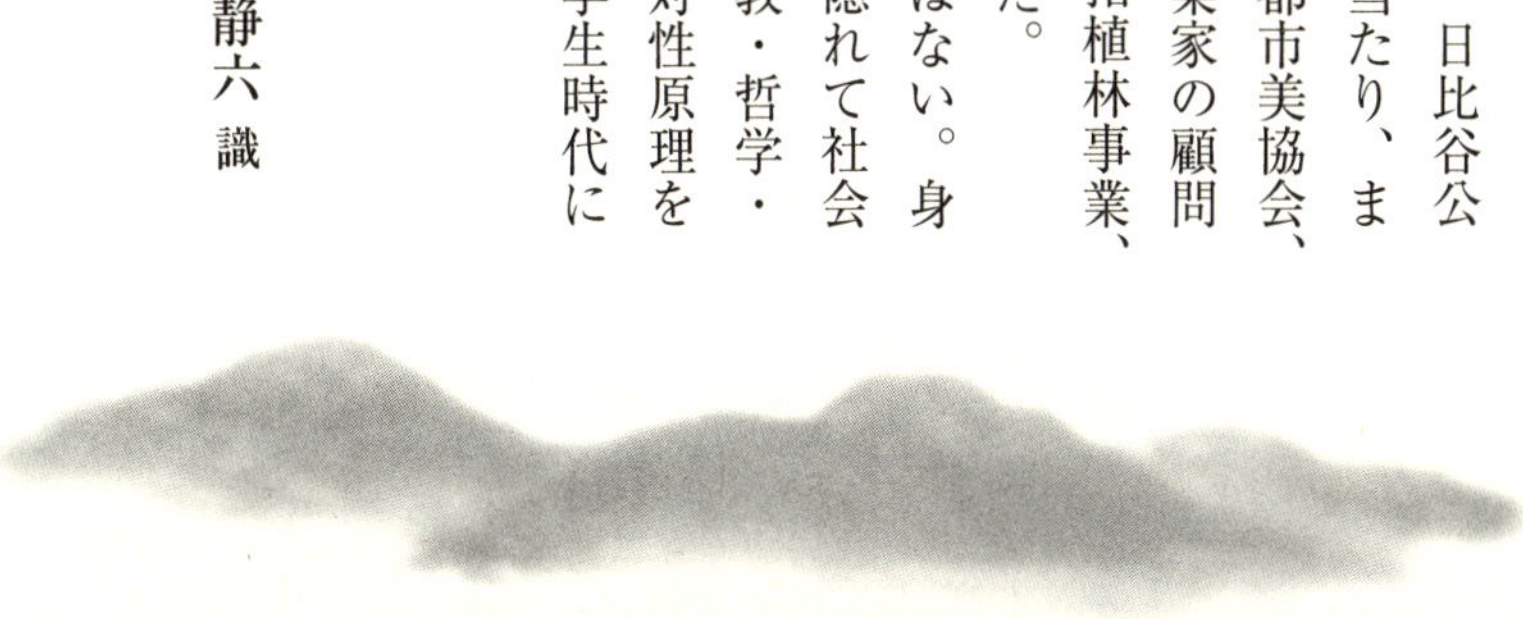

私は、このままにならぬ世の中を処して、
これをままにする
ただ一つの秘法を知っている。

それは、この世の中を、
ままならぬまま、在るがままに観じて、
避けず、おそれず、自らの努力を、
これに適応させていくことである。

伊東・歓光荘で
畑仕事に励む

写真提供・菖蒲町教育委員会

自序

しかつめらしく、「私の生活流儀」といっても、別に一流一派の異を立てておるわけではない。何から何まで、その実体はきわめて平凡なものである。もったいぶって、紫のふくさや桐の箱から取り出すようなシロモノではない。したがって、その流儀公開といっても、とくに入門料とか奥許し料を頂戴しようというのではない。一読、ハハアとうなずいていただければそれでよい。そうして、「ハハアそうか」とうなずけたら、ただちに、これを気やすく実行に移してもらえばそれで結構である。本多流生活の家元は満足このうえもないのである。

本書は拙著『私の財産告白』の姉妹篇として編纂《へんさん》したもので、前著同様、雑誌『実業之日本』及び『オール生活』に連載され、これまた異常なる読者の反響をかちえた生活記事の集録である。『私の財産告白』は主として個人生活の経済面と処世面を説いたのであるに対し、本書はもっぱら健康長寿に関する問題と家庭生活について採り上げるところがあった。

とりまとめの便宜上、「私の健康長寿法」と「私の暮し方・考え方」の二篇にわかつことにはしたが、内容は二にして一、いずれもわれわれ日常生活の衣・食・住にわたる反省であり、実際検討である。すべて乏しい私の体験と工夫を詳述したものであるが、取りも直さず、これがまた、読者諸君の新たなる研究問題でもあろうと考えるのである。

人生とか生命とかについて、本書は別に深遠な哲理を説いてはいない。また私自身がそうしたものを説く柄《がら》でもない。諸君にしてもし、直接これを本書に求められるならば、おそらく大きな失望に終わるであろう。しかし、私は、われわれの小さな日常生活の心掛けのうちに、大宇宙の生命に通じ、神ホトケの摂理にかなうものがあるを信じ、努力また努力、精進また精進につとめつつあるのであって、それがいかに卑近、それがいかに平凡であっても、その実践がただちに深遠高大な哲理につづくものであることをうたがわない。読者諸君もまたぜひ十分これを理解し、感得せられたい。日常こそ、平凡こそ、実はわれわれに最も大切な人生のすべてなのだ。

さらに終篇「だれにもできる平凡利殖法」は、姉妹書『私の財産告白』の梗概要約であって、いわば同書のダイジェスト版である。すでに一読された方には重複視されるかも知れぬが、一応そのだいたいを呑み込んでおいてもらわぬと、本書の所説も完全しないと考え、あえて老婆心までに添付したものである。

なお本書の発刊に際しても、『私の財産告白』の場合と同じく、一切を実業之日本社の畏友寺沢栄一君の協力に任せた。併せ記して同君の御厚意と労苦に深謝する次第である。

昭和二十六年十月

伊東歓光荘にて

八十六叟　本多静六

私の生活流儀　目次

私の暮らし方・考え方　77

【附】だれにもできる平凡利殖法

私の生活流儀

装画／岡村夫二
装丁／清水良洋
（Push-up）

私の健康長寿法

一、健康長寿はどうして求めるか

小さな心掛けの集まり

世の中はままならぬものである。

これは昔もいわれ、いまも変わりはない。いや、いまこそ一番ままならぬ世の中かも知れない。――いつの時代にもそうみられることだが。

ままならぬ世の中に生れて、ままならぬ世の中に住んで、ままにならぬ世の中をいまさら歎いたとて始まらないであろう。

私は、このままにならぬ世の中に処して、これをままにするただ一つの秘法を知っている。それは、この世の中を、ままならぬまま、在るがままに観じて、避けず、おそれず、自らの努力を、これに適応させていくことである。

環境の支配は、まず環境への適応に始まる。しかも、環境を支配することは、偉大なる天才にもなかなか難しいが、環境に適応することは、われわれ凡人にもさして難事ではない。何人にも心掛け次第で、容易に、かつ楽しくできることだ。

もちろん、いつの世にも、根本的な重大問題は山積している。個人の力ではどうにもならぬ難関が立ちはだかっている。しかしながら、各人各個の心掛け次第で、それも順次に取り崩していけぬものでもない。

「心掛ける」といった小さな力も、一人の心掛けが十人の心掛けになり、十人の心掛けが百人の心掛けになれば、やがては、千人、万人の大きな力ともなる。百万人の心掛けは百万人の力であり、千万人の心掛けは千万人の力である。

いかにままならぬ世の中と申しても、百万人の力、千万人の力で、これを少しでもままになるほうへもっていけぬということはあるまい。必ずもっていける。必ずより、よき変化は期待し得られる。私はさよう信じてうたがわない。

二宮翁夜話に、『大事をなさんと欲せば、小なる事を怠らず勤しむべし』とあるが、その二宮翁はまた、田畑の除草法についてこんなことをいっている。

いったい多くの人は、草むらにのぞむと、いきなり、一番こんで、一番太い草から、力ずくでムリヤリ抜いてかかろうとするからはかがいかぬ。骨ばかり折れて中途でいやになる。これは一番うすい、一番小さな草から、手近なところをえらんで、根気よく抜いていくに限る。そうすれば知らぬ間に広い場面がきれいになって、こんだ草、太い草まで楽に取りのぞくことができる。すべて世の中の事もこれと同じであると。

なるほど、二宮先生だけになかなかうまいことをいったものだ。

私の八十余年に及ぶ生活流儀もまた、この平凡な草取り法に従ってきたものであって、日々の身辺雑草を、日々の努力で取りのぞくことにつとめてきているのである。もちろん、いまもっていろいろな草に追われており、いまもって草取りに忙しいが、私の草取りにならって、もし一人でも、二人でも、その周辺の草むしりに出精する人がふえてくれれば、それだけ、ままならぬこの世の中も、おいおい住みよくなろうというものである。

私の健康法と私の生活

さて、「私の流儀」公開も、実は小さな心掛けの集積で、奇も変哲もなく、いずれも平々凡々を極めたものばかりであるが、まず八十を越えてもなお元気で働きつづけているという実物見本を示して、私のいわゆる健康長寿法から始めてみるとしよう。

私は今年八十六を数えるに至ったが、腰も曲がらず、目も耳も、そして口もまた達者だ。一番自慢なのは足で、いまでも日に二、三里の道は平気である。伊東の山の上に住んで、伊東の街へ出掛けるのに、かなりの急坂をいつもテクリつづけている。バスなどにもめったに御厄介になったことはない。それに一ッぱし百姓仕事もやって、夜の勉強に差し支えるほどの疲れを知らないでいる。人を驚かすまでの存在であるかは疑問としても、自ら認めて、まず相当なものだと思っている。

だが八十いくつという齢《とし》が、果して長寿者の部類に入るべきかどうか、これには私もちょっと小首をかしげている。世間並みな見方をすれば、人生七十古来稀なり――

杜甫の弱音——で、それから十年、十五年も御無礼すれば長寿者といえるであろうが、全うすべき人間本来の天寿からいえば、まだまだこれからなのである。私は人間少なくとも百二十までは生きられると思っている。生きられるのなら、生きなければウソだと考えている。（この科学的根拠についてはのちに改めて詳述する）

したがって私には、健康で、元気に働く法といったものにはすぐお答えができるかも知れぬが、いわゆる不老長生法は、これからの努力精進をもってお答えするよりほか、実はその資格がない。——当年とって八十六歳といっても、私自身はまだまだ働き盛りのつもりでおり、長寿者としての体験意識がないのだから。

本多も欲張っている、なぞと笑ってはいけない。健康長寿の欲張りは、やはり一つの、健康長寿の基でもあるのだ。

ところで、正直なところをいうと、いままでの私には、別にこれといった特異の健康法はなく、ただ生れてからの貧乏育ちで、境遇上自然に実行してきた生活法が、たまたまいわゆる健康法に適う結果となっただけのものらしい。

健康法としてとくに独立したそれは、決して本当の健康法ではない。健康法は常に生活自体の中にある。生活にふくまれた不断の心掛けの中にある。このことを私はまず強調してかかりたい。

「生活白書」十六項目

もう一昨年のことになるが、ある日、孫の植村敏彦（医学博士・国立療養所勤務）が私の健康を心配して、東京からわざわざ血圧測定器等を携えて診察に来てくれた。ときに私は、往復四里ばかりの小室山へ遊びに出掛けたあとだったので、孫もいささか拍子抜けがして、そんな遠くの山まで遊びに行くようでは、別に診察する必要もなかろうからとあきれ、帰りがけに、

「どうもおじいさんの体ばかりはわからない。どうしてそう丈夫なのか不思議である。自分たち医師仲間の研究資料にしたいから、おじいさんの実際生活をありのままに書いておいて頂きたい」

と伝言していった。その晩、私はさっそく、その孫の請いをいれて書きつけたのが、「私の生活白書」十六項目である。幸い手控えがあるので、その概略を左に並べてみよう。

(一) 私は不二道孝心講の大先達をつとめた祖父と曾祖母の感化で、幼少の頃から宗教的な情操にめぐまれた。とくに「天道様は見通しだ」、「正直に働きさえすれば人間は幸せになれる」といった教えは、小さな心に明るい健康な希望の種をまきつけた。

(二) 少年時代には「根っ木」仕合、子供相撲、鬼ごっこ、ドジョウ捕りなど、一日中ほとんど戸外で全く自由に遊び回った。ことに夏には全裸跣足で用水堀に入りびたった。何をやっても一切干渉をうけず、十分に日光を浴び、絶えず新鮮な空気の中にあった。これが私の体を頑健にしたそもそもの原因であろう。

(三) 小学校へ行くようになっても、全く自由放任主義の下におかれ、学校の授業も遊戯の延長のように思って、毎日のんきに過ごした。

（四）十一歳で父を失い、その借金返済のために、一家中が毎朝「水行塩菜《すいぎょうえんさい》」の行をやらされ、それが五ヵ年もつづけられた。それは毎日冷水浴をやり、塩だけのお菜《かず》で朝食をすますのだが、これで私は貧乏と粗食になれッこになった。またその精神鍛錬に及ぼした影響は、実に大きい。ここで私は、ただのんべんだらりと遊んでいては駄目だ、大いに勉強して偉くなろうと、子供心にも発憤したのである。

（五）十二、三歳から、学業と家業を併行して出精した。すなわち、登校前に草刈り、馬糞さらい、掃除、草むしりをやり、帰ってからも必ず夜の九時まで、農家としての夜業を手伝った。その上での勉強というわけである。

（六）十五から働学併進、農繁期には生家で百姓をやり、農閑期になると上京して郷党先輩の家塾で一心に勉強した。つまり、体と頭を半々に使って、そのいずれにも偏しなかったわけである。なお、ここに逸してならぬのは、この時代に私は淘宮術《とうきゅうじゅつ》の新家春三先生について自己の性癖矯正を熱心に試みたことである。

（七）十九の春に山林学校に入学した。及第者五十人中の五十番というビリであったが、第一期試験にはとうとう落第した。同級生の大部分が、中学や師範の卒業生であるのに、変則な独学で入った私は、どうしても、幾何と代数がよくできなかったからである。悲観のあまり、古井戸に投身して死をはかったが、ついに死に切れず、思い直して決死の勉強をつづけた。そのため、二学期引きつづいて最優等の成績をとり、銀時計の賞賜をうけた。

そこで、自分のような愚鈍の生れでも一所懸命努力しさえすれば、何事にも必ず人並み以上になれるという自信を得た。この「やればやれる」という自己暗示は、勉強の上にも、健康保持の上にも、ともに、大きな力となって働いたようである。

学生時代には、剣道も、相撲も、その他なんでも運動競技は好き嫌いなく片ッ端からやった。ただし、別に上達するためにムリな打ち込み方はしなかった。みな下手は下手なりに面白くやっただけである。

(八) 青年時代から壮年時代にかけて、仕事を職業道楽として楽しみ、かつ最善の努力をつづけた。しかも、その余暇には、つとめて学問と職務に関連をもった探検・視察旅行を行い、つとめて身心の鍛錬をおこたらぬようにした。この旅行はしばしば熱寒両帯、瘴癘《しょうれい》毒地に及び、後年ついにあらゆる伝染病の免疫性を得るに至ったものと思われる。一方、四分の一天引き貯金や一日一頁の著述執筆は、私の生活に勤勉と節約と規律の良習をいよいよ加えたようであった。

（九）中年頃から「感謝は物の乏しきにあり、幸福は心の恭謙（まずしき）に存す」という一心境に達した。そうして、衣・食・住その他に物質的欲望をすて、刻苦耐乏の自然的簡易生活に安んずるようにつとめ出した。すなわち、「人生即努力、努力即幸福」といった生活信条によって、日に日に新たなる努力を、心から楽しみ得るようになった。

（一〇）楽は苦の種、苦は楽の種で、いかなる苦痛もこれを耐え忍びさえすれば、たちまちそこに楽地を発見する。ここで私は、常に人生を楽観したユーモア生活にこそ大きな救いがあることを悟った。人生は一場の大芝居である。だが、芝居も理屈ずくめの固苦しい筋書きばかりでは肩がこっていけない。滑稽諧謔《かいぎゃく》が適度にまざらなければみあきるものだ。苦も、楽も、喜びも、悲しみも、ユーモアでふんわり包むのだから面白いのである。ことに敗戦後の新日本建設劇のごときは、全く二度とみられぬ大芝居だ。私はこれを一幕でもよけいにみて死にたいものだと考えている。

（一）働学併進の生活は、つまり、頭脳は人間らしく科学的にどこまでも発達させ、身体は野獣のごとく強健にする、いわゆる「人頭獅身」生活法である。これは青少年時代から必要であると共に、年老いていよいよ大切な心掛けであることを痛感した。したがって、八十を過ぎても、なおこの理念をすてないでいるのである。

（二）ちょっとした病気は、押し売りと同じようなもので、こちらから対手にさえしなければ、向こうで引き退《さが》っていくと考えている。そこで性悪《しょうわる》の大病または外科手術のほかは、いちいち医者にかからないで、たいていは自然放置か「働き療法」で癒してしまう。そのためには、万病の基になる風邪に対しては常に用心深くしている。すなわち、できるだけ薄着の習慣をつけ、汗をかけばすぐ着換えしてしまう。食物はめったに間食しない。なんでも一まとめにしておいて、食事どきに十分採ることにし、三度三度ハラをへらして旨く食うようにつとめてきている。そして、食いすぎたなと思えばただちにやめ、茶碗に盛った半分のメシでも残してしまう。つまりは大食主義の「腹八分」である。義理にでも頂かねばならぬものは、遠慮なくもらって帰ることを宣言する。これは御馳走にいってハラをこわさぬ秘訣である。また先方にもわるい感じを与えない。

（一三） 私は幼少時代から、その地方産の穀菜食を最も尊重する菜食主義で、これが平常の食養法になっている。老年期に入って、酒、肉類、卵等を極度に節し、煙草のごときは全くこれをやらない。その代りに十数年来、もっぱらホルモン漬（新鮮な葉菜類の塩漬）を常用としている。これをつづけるようになってからは、多年の宿痾《しゆくあ》であった歯槽膿漏症もけろりとなおり、十九貫以上もあった脳溢血型の肥満漢も、いまは十三、四貫のスパルタ式筋肉型の体躯になってきた。

（一四） いったい老人になると、口先ではアベコベのことをいうが、内実は欲深の名誉好きになるものである。私もこのことに気付いて、六十歳以後はとくに留意し、つとめて金銭欲と名誉欲を慎むことにしてきた。その代り、職業の道楽化にいよいよつとめ、すべて仕事の楽しみを、その仕事の報酬と考えるようにしてきた。

（一五） 晩年量子学を新たに学んで、宇宙の万物は一として完全なものはなく、確定せるものはないことを知り、一切の過去に執着せず、ただ現在に即して、未来の理想光明に生きようと考え出した。すなわち、私の肉体は、――百二十まで生きると頑張っても――いつかは滅び去るであろうが、私の思想と事業は、永劫につたわり、永久に生き残ると信じて、最後まで働き通そうと決意したのである。とくに私の専門としてきている植樹造林の仕事は、この人間永生の考えに大きく結びつくものがあるようである。また子孫の健全なる繁昌も、このカテゴリーに入るであろう。私は子供四名が現存し、孫は十五名、曾孫も二十余名になお多きを加えつつある。

（一六） このようにして、私はいかに老人となっても、決して隠居はしない覚悟である。元来、人間以外の動物は、いくつになっても隠居などするものはない。みな死ぬまで働き通している。しかるに、人間だけが、暦というツマラヌものの存在に神経をいらだたせて、事実はまだそうでもないのに、自分はもういい年になった、いよいよ老境に入った、第一線を引くべきだと考え始める。もっとも便宜的な社会制度の上では、停年も必要であろうし、新陳代謝も不要ではなかろう。だが、まだ幾年でも立派に働けるのに、誤った隠居的観念にとらわれて、それをすらやめてしまうのは惜しい。一種の自殺とさえみられるものがある。やれ還暦だの、やれ古稀だの、やれ喜の字だの、ツマラヌ習慣や迷信は振りすててしまって、働けるだけ働き、生きられるだけ生きなければウソである。人間は老衰するから働けぬというよりも、働かぬから老衰することになるのである。されば私は八十を過ぎても、まだこの先、百二十まで生きるつもりの「人生計画」（本篇第四項目として詳述）を立てて、今年は昨年よりも一年よけいに仕事の経験をつんだ、知識もひろめられた、思考も深まったという自信をもって、本当に社会・国家・人類に貢献できると喜び勇んでいる。死に至るまで、日に新たなる努力を楽しんでいる。

これが、現に老衰を免れ、元気で働きつづけている私の健康長寿法になっているものかと思われる。

符合するフーカーの健康法

以上は長孫の問いに答えた、私の生活態度であり、健康についての白書概要であるが、その後偶然にも、英国の名医フーカーの不老長寿法というのを見、まず、暗合的項目のいかにも多いのに驚き、私の踏んできた道の決して間違っていないのに自信をつよめた。

そのフーカーの主要項目といったものは、だいたい次の通りである。

1　だんだん年をとるという考えを頭の中から駆逐せよ。
2　食糧を厳に節せよ。
3　常に前途をたのしめ。
4　困難に挫折することなく、かえって良き教訓として奮起せよ。
5　憤怒するな。

6　明日のことを思いわずらうな。
7　過去をして過去を葬らしめよ。
8　働いて遊び、遊んで働け。
9　娯楽を持て。
10　金銭目的の競争場裡に立つな。
11　常に善事を行え。
12　思慮は密なるをよしとし、食物は淡きをよしとす。
13　清潔なる食事と清潔なる思想。
14　新鮮なる理想と空気を多く吸え。
15　高尚なる目的と活動。
16　生活を複雑にするな。
17　笑って、若やぐべし。
18　猪突猛進の生活をするな。

19　後日のために貯蓄せよ。
20　自己のためにのみ生存せず、他人のために生きよ。

なお有名な貝原益軒の養生訓をみても、いわゆる「十二少」というのがあり、少食、少飲、少偏（五味の偏用を避ける）、少色、少語、少事、少怒、少憂、少悲、少臥等が挙げられている。

フーカーといい、益軒といい、いずれも教えているところはだいたい同じであって、私の述べた十六項目もだいたいにおいてこれに一致していると思われる。さらに遠慮なく自己吹聴をすれば、私の考え、かつ行ってきたところは、実際の生活に即して多分の積極面を有しているもので、自らかえりみても、決して恥ずるに及ばないと信じている。

二、一生元気に働き続けるには

健康法と長寿法は別物

一口によく健康長寿法といっても、いわゆる健康法と、いわゆる長寿法とは、必ずしも同一でないと私は考えている。

日頃頑健な活動を誇っていた人が、若い働き盛りにコロリといくこともあれば、病気ばかりしてひよひよしてる人が、案外に長生きすることもある。長い間の私の体験と実際調査によると、普通に健康といわれる者は、身体肥大、風采堂々、みるからにエネルギッシュな体躯の所有者を指しているようであるが、それはたいてい、暖衣飽食、酒類をたしなみ、肉類、魚類のごとき脂肪分を多食する贅沢生活の結果であって、中年後は多く心臓病、膵臓炎、糖尿病、脳溢血その他のゼイタク病をおこして短命におわるものである。

これに反して、いわゆる長寿者は、かえって痩せ型のかたくしまった体格で、早くより、粗衣粗食、勤倹努力の耐乏生活をつづけてき、中年以後も前記のゼイタク病を近づけず、無病息災、長く働きとおしている例が多くみられる。

われわれが昔からおなじみの七福神の図についてみても、布袋《ほてい》は便々たる腹を抱えた肥満者であるが、寿老人《じゅろうじん》は痩躯《そうく》鶴のごときほそり方である。また長寿仙人の画像をみても、一人として精力的な肥大漢をみず、いずれも痩身ばかりである。

これでも十分わかるように、肺病を恐れ過ぎるあまりにか、健康法と長寿法とを混同し、普通のいわゆる健康法が、ただちに長寿法を意味するかのごとく誤解してきていた。いや、むしろ健康と健康法それ自身を、間違った尺度で解釈してきていたといわなければならぬ。すなわち、われわれ素人考えでは、肥った人が健康で、痩せた人が不健康、あぶら切った人が丈夫そうで、そうでない人が病身、かっぷくのいい人が活動家で、貧相な人がその反対のように解し、健康法といえば肥ること、あぶら切ること、体重をふやすことだと早合点してきていた。ことに軽薄な栄養学が行われ、上ッ調子なカロリー説がやかましくいわれ出してからは、健康そのものの誤解と滋養物摂取に対する過信がはなはだしくなった感じがある。

私は終戦後、食糧問題が窮迫して、国民のすべてが不安と焦燥に駆られているところへ、ことさらおどかすように「栄養失調」の言葉をふりまわし、人間本来の健康増進に誤った指導を行う当局に不満を感じ、NHK並びに厚生大臣宛抗議書を送ったこともあるが、われわれの健康上、真におそるべきは、栄養失調ではなくて、むしろ「精神失調」なのである。粗衣粗食の耐乏生活に打ちひしがれぬことであって、旨い物、滋養のある物をたくさん摂取できぬことではない。それにはまず「本当の健康体とはどんなものであるか」を正しく、誤りなく究めてかからなければならないと思う。

中年以後の健康法

いつでも元気で働ける――それが、本当の健康体である。いつまでも元気で働きつづけられる――これが、本当の長寿法なのである。

このほかに何があろうというのか。健康長寿法つまりは、精いっぱい働く法なのである。

健康がすべてのモトであることはいまさらいうまでもない。だが、実をいうと、私は別に自分の健康法などに注意しなかったのである。ただ毎日の仕事に専心努力して、職業を道楽化し、その道楽に精進しつづけただけで、いま強いて「何が健康法になったかな」と思いかえしてみると、前項に連《なら》べた長孫への回答のほかに、だいたい次のようなものが思いうかべられる。

これは主として中年以後の事柄だ。

(一) 食物はすべてゆっくり噛みしめた。なんでもゆっくり噛みしめることによって、その物本来の味が出てくるように思える。

(二) 飲、食、性の三欲を八分目に減ずること。よそでせっかく御馳走に出されたものは、肉類でもなんでも有難く頂戴するが、平素家庭にあっては、玄米の飯二杯半、ミソ汁二杯、それに多分の野菜類をとることにした。六十過ぎても、よく晩酌にビールの小瓶を一本添えさせた。

(三) 食後は必ず十五分ないし三十分宛は安息し、ときによって眠ることもあった。眠るといえば、疲れを感じた際、いつ、どこでも、短く五、六分、長くて三十分くらいぐっすり眠ることとしていた。

(四) ときどき、大の字なりに寝ころんで、思い切って手足を伸ばした。行儀がわるいようであるが、大いに全身をくつろがせる効果があった。

(五) 冷水浴を相当期間つづけた。

(六) 自分が出しゃばらずともすむ社交上の会合や、夜の宴会などにはできるだけ出席せず、それだけ平和な家庭生活をたのしむようにつとめた。

(七) 夜間の八時から十時頃まで、約二時間ずつ徒歩運動に充てることにした。雨が降っても傘を差して出掛けたほどである。

(八) 常に花卉《かき》園芸にしたしみ、職業柄、樹木の成長をこのうえない楽しみにした。

（九）自分の身の回りはすべて自分で処理した。また手すきの場合には仕事をなんでも引き受けて手伝った。

（一〇）自分の現在の境遇は、常に過分であると感謝し、何事にも不平不満を抱かないようにした。とくに近年は、「悲しみを通じての喜び」、「努力を通じての幸福」なるものを体験し、悲しみも骨折りも、すべて喜びと幸福感に振り替え、絶えず愉快に働きつづけていること。

前後多少重複したようであるが、まずざっとこんなものである。

健康と平凡生活

要するに、私のいままでの健康法は毎日愉快に働いて、三度三度の食事をうまく食うことであった。「空腹は最良の料理番」というが、その有難い空腹を、心身の働きによってもたらすよう、常に忘れず心掛けただけのことである。つまりは、物質的にゼイタクをしない代りに、精神的に大いにゼイタクをすることにあったのである。

朝起きは私の幼少時代からの習慣である。早晨《そうしん》希望に起き、深夜感謝に眠るというのが一日の生活理想で、夜は比較的宵ッ張りのほうであるが、それでもいつでも朝は早く起きる。とくに私は旅行の機会も多く、この朝起き癖で宿の女中たちをよく驚かせたが、いつ、どこへ行っても朝寝坊などはしない。これがまた絶えず新鮮な空気を吸い、十分日光に浴し、いつも食事をうまく食うという三要点に一致するに至っているらしい。

酒は若い頃から相当に呑んだほうである。ことにドイツ留学以後は人並み以上にたしなんだ。駒場時代もビール会というのを盛んにやって、同僚間に問題をおこしたほどである。しかし六十歳以後は大いに慎み、前記のように酒は一合、晩酌のビールは小瓶一本ということにした。その後さらに節酒を行い、仕舞いにはほとんど禁酒に近いまで呑まなくなった。いまでは、八十五にして、心の欲する処に従って矩《のり》を踰《こ》えずとしゃれ込み、少しばかり、心持ちのいい程度に呑み始めた。これはお祖父《じい》さんを訊ねてきた孫たちに遠慮させぬために、適度にその対手をしてやる必要もあるにはあるが、節度のある飲酒なら、必ずしも健康上排すべからずとも考えたからである。

煙草は昔からほとんどやらなかった。いまは全くこれを手にしたことがない。酒害より煙害のほうが、健康上によろしくないとは定説のようだ。

前にも再三繰り返したことであるが、健康体というのはゼイタクになれた重役さんや、旨い物のつまみ食いで肥った旅館・料亭の主人のようにあぶら切ることでは絶対にない。身体の活動上必要となる限度以上の栄養摂取は、いたずらに飽満と倦怠を来し、ただにアタマの働きをにぶらせるばかりでなく、脂肪分の堆積から体そのものの活動も妨げられ、その結果、怠惰安逸にもながれやすい。人体の各器官、とくに心臓の圧縮を招いて、血液の循環をとどこおらせ、進んでは種々の疾病をもかもし出すものである。したがって、健康にして長寿のモトは、肥満よりもむしろ痩身を志し、耐乏生活にいよいよその精気を養い、物心の余裕は一切を挙げて他に施しつつ、もって日々を感謝と希望に送るべきであると私は信ずる。

世の中にはいろいろ難しく健康長寿を説く人もあるが、私はこれまた平々凡々の道を出でないものと考えている。

「ホルモン漬」の公開

次に、私の専売特許のようにみられている「ホルモン漬」について一言しておこう。

これについては、すでにラジオでも放送し、再三ほかにも発表したところ、いまもって各方面からの問い合わせが多く、まるで本多の健康が、「ホルモン漬」そのものから生れ出ているかのように喧伝されているので、ここに改めて概略の講義をしておく。

さて、ホルモン漬といっても、何も特別な漬物があるわけではない。新鮮な大根その他の葉菜類、それに春先の木の芽または盛んに生育しつつある生食に適した植物の新芽、新葉、新蕾、新茎、新根、およそそういったものを毎日採集して、入念に水洗いをし、これを細かに刻み、食塩を少しふりかけ、しばらく石をのせて押しを利かせておくものに過ぎない。皆さんの家庭でも、作ろうと思えばいつでもすぐできるものである。ホルモン漬とは私の家でこう勝手に命名しておるだけのもので、決して専売特許でも、一手販売品でもない。

古来、新芽、新葉の健康食物として有効なことは、幾多の学者によっても証明されており、また実際にもなかなかにおいしい。私の家では十数年来すでに試みつづけているが、これは普通刻みたてをそのまま食膳に供するか、塩加減の少ない場合はゴマ塩、醤油、またソースなどをふりかけて食する。とくに、炊きたての熱い飯にまぜたり、蒸しパン、サツマイモ、馬鈴薯などと混食すれば一段とその味が引き立ち、代用食に対する食欲も増進してくる。まず数ヵ月これを常用すれば、だれしも、なんだか体中に力があふれ、頭がハッキリして、幾年も若返ってきたような気持ちになること請け合いなのである。

その分量は、一回、一人前、大丼に一―二杯ぐらいである。私どもでは配給米の足しに、一日二食ずつは必ず、イモ類、小麦粉パン、ホットケーキ等を常食にしているが、それにもこのホルモン漬はよく調和し、砂糖なしで結構なんでもうまく食べられる。また塩加減を工夫し、調味料を加えれば、立派なおカズにもなって、副食費の節約に大いに役立つものである。

ところで、このホルモン漬の材料は、前記のほか、人参、キャベツ、チシャ、ネギ、トマト、茄子、胡瓜、牛蒡等なんでもよろしい。さらに香味的副材料として、シソ、サンショウ（いずれも葉と実）、茗荷、ラッキョウ、唐辛子、ワサビ等を加えればますます理想的である。この中で、ちょっとした押しでは柔《やわ》くならぬ大根、人参、牛蒡などは、その都度おろしに掛けて別に添えてもよろしい。老人ばかりになったいまの私どもでは、大根と人参は、ほとんど年中欠かしたことがなく、いつもおろしにかけて常食している。だから、ホルモン漬――その実はホルモンおろしという場合もはなはだ多いわけになる。

ただし、ここにちょっと注意しておきたいことは、ホルモン漬は野菜の生食に近いので、寄生虫を予防するために、人糞尿は元肥に用いるほか、追肥としては、葉茎につけぬよう、遠くから根本に流し込むようにしたい。

栄養学に対する疑問

もう数年前のことになるが、私は薪を採りに山へ入って顔面に大ケガをしたことがある。それは薪材と取っ組んで、力を出し過ぎた揚句、かたわらに転倒して頬から口腔ふかく竹の切り株で突き通したのであった。

その入院加療中のこと、院長が首をかしげて、はて不思議なという面持《おもも》ちをする。何が不思議かときいてみると、あなたのような御年配にしては、意外に創口《きずぐち》の恢復《かいふく》がはやすぎるというのだ。いろいろ問われて、いろいろ答えたのだが、結局はホルモン漬常用の功徳かも知れないということになってしまった。かも知れないどころではない、たしかにそうなんだと決め、私はホルモン漬効用の人体実験をすましたつもりで、いまにいっそうその愛用をつづけているわけだ。

そのケガを機会に、また私はほおひげを生やして今日に至っているが、この自慢のひげは、取りも直さず、ホルモン漬の登録商標みたいな因縁をもつものである。

ホルモン漬が何故こうもケガの恢復にもよくきくものであろうか。植木の新芽の生長は、その先端細胞の分裂肥大によって行われる。すなわち、生長ホルモン（オーキシン）の働きによるものである。また、人体に最も必要な栄養素は、蛋白と脂肪と含水炭素（炭水化物）であるが、それはあたかも人体の燃料に匹敵し、ビタミンとホルモンはその機械油にも相当すべきものである。いかに栄養ばかりがよくても人体にビタミンやホルモンが不足すれば人間の機械はなめらかに回るまい、新陳代謝も円滑を欠いて、ついに病気にもなるのである。幼児と老人にはことにこのビタミンの不足が最も危険であり、しかもそれは食物中にあって最も壊れやすいのである。

難しい医学上の説明は、もともと柄にもないからこの辺でやめるが、いずれにしても、植物の新芽、新葉、新蕾には多分の生長ホルモン（オーキシン）、ビタミンABCDE等がそろって含まれているから、私はこれらの栄養物質を完全に摂取したらよかろうと考え、しかもなくしてしまったり、煮炊きしてこれを殺さずにすむ方法としてホルモン漬を思いついたのであって、その歴然たる効果が、いま私のほゝゝ、おひげとなって間接に現されたのははなはだ愉快である。

実際において、牛や馬は青草ばかり食っていても、その体中には、多量の脂肪や、蛋白質や、各種ビタミン類など、あらゆる栄養素が完全生成されるのをみてもわかる通り、人間も、その地に産する新鮮な野菜類と米麦その他の穀類を混用していさえすれば、健康は十二分に保ち得るわけである。それなのに、不完全なるゼイタク栄養学、数字ばかり並べたがる人工栄養学は、やれ動物性蛋白をどれだけとらねば病気になるの、やれ肉や卵を食わねば栄養失調になるのと、できもしない相談をもちかけて嚇《おど》かすばかりである。今日の神経質な栄養学者は、栄養なんてことはてんで知らなかった昔の人のほうが、栄養学に嚇かされてビクビクしている現代人より、健康で、可働的で、耐乏のねばりに富んでいた事実をなんとみるであろうか。私の健康長寿法では、少々乱暴かも知れぬが、今日の不完全なる栄養学には、必ずしもいちいち拘泥する必要を認めないのである。

わたしの素人食養学

ホルモン漬の効能を述べたてたついでに、私の「素人食養論」を洗いざらいにしておくとしよう。

私は子供の頃から粗食には慣れッこであった。百姓時代は、どこでも同じであろうが、米半分、麦半分のいわゆる半白メシで、年柄年中、ミソ汁におこうこだけくらいのものであった。それこそ、いまの栄養学者がみたら驚いて目を回すほどのしろものであった。しかし、だれでも平気で農業の重労働に耐えてきたのである。それだからといって、別に私はことさら栄養摂取を無視しようというのではない。人間の健康に最も大切な食養にはできるだけの注意を払いたいと思うのである。

そこで、同じ穀菜食でいくなら、まず米は玄米または半搗き米にしたい。味噌類は欠かさず、しかも新鮮な野菜類を常用するように心掛けたい。地方によってはそれに土産の果実、雑穀、魚介類を副食物に加えるとし、必ずしも肉類、卵、その他のゼイタク品は無理をする必要がないと思う。しかし、新鮮な野菜類というのは、ホルモン漬と同じ理屈で、できるだけ加工調理を行わず、そのまま生《なま》で、または生に近い状態においてこれを食用することが大切であろう。

そもそも、米麦その他の雑穀類をはじめ、各種野菜、魚介類は、いずれもそれぞれ特有の持ち味を有しているものである。その持ち味を十分味わおうとすればできるだけ単純に、そのまま生食するか、少なくとも塩煮塩焼程度にとどめて食すべきである。もし砂糖、醤油、油その他の調味料を加えて料理しすぎると、かえってその食料固有の旨味が失われてしまう。たとえば米のメシのごときも、少しこわ目に炊いたくらいのものを、胡麻塩または味噌汁程度でよく噛みしめて食べると、メシの本当の味が出てきてとてもおいしい。それをほかの料理と一緒に食うと、その料理までいっそううまくなる。しかし、その料理のほうが濃厚で勝ちすぎると、今度はメシのほうが押されてまずくなる。こうしたところに、それぞれの持ち味を生かしていく工夫が必要となってくるのである。

曲直瀬道三《まなせどうざん》は、わが国最古の食養文献たる『養生物語』の中で、日本人はあくまで、米、味噌、鮮魚、野菜など、日本の土地土地でできるもので、しかも先祖以来食いつけた方法で食すのが一番よろしい。外国人が何を食べようと、そんなことを真似る必要はない。日本人には日本人の喰物《くいもの》がある、といっているが、私も日本人には日本食が最も適し、いかに珍味佳肴の中国料理や西洋料理でも、毎日つづかせるわけにもいかず、また毎日つづいたところですぐアキがきてしまうと思う。

例の二宮翁にも『飯と汁、木綿着物ぞ身を助く、其余は我をせむるのみなり』といった道歌があるが、粗衣・簡易食の耐乏生活は、単なる非常時切り抜けの一時的方便ではない。一国国民の意気を昂揚し、健康を保全し、永生発展への途を拓くものである。すなわち、人間の精神と肉体（すなわち物質）とはもともと一つのもので、いわゆる霊肉一致、物心一如である。それは同じ一つの生命表現の両面であるに過ぎない。しかも互いに相補の関係に立ち、精神の欠乏はある程度物質をもって補うことができるとするも、さらにそれ以上たしかに、物質の欠乏は精神でこれを補うことができるものである。しかもまた、一面の事実において、物質生活が大なれば大なるほど、精神生活が小さくもなるものであるから、私は健全なる精神と、健全なる身体とを、両全、両立せしめるために、とくに道三、尊徳、一一先輩の意に賛し、できるだけ簡易生活を実行したいと考える。

三、人間は百二十まで生きられる

老来変化した人寿観

私の人寿に関する考え方は、年を経ると共にだんだん高められてきている。ありていにいえば、自分がそれに近づいてくると同時に、順次先へ先へと繰りのべられたのである。あるいはこれも、老人の生存欲、自己ぎまんの現れとみる人もあるかも知れぬが、しかし、これは年と共に、私のいささか学び得た最新科学と、八十余年に及ぶ実地生活から割り出したもので、あくまでも真面目な、尊い真理研究の一端と御承知ありたい。

私は実父を十一のときに失った。父は四十二歳の働き盛りを脳溢血で急逝したのである。そこで私は、この父の死と、「人生僅か五十年」といった言葉を結び合わせて、人寿も普通五十か六十、「人生七十古来稀なり」といったくらいのかるい考え方をしたものだ。

それがために、私が満二十五歳のときにしたためた人生計画――本多一生涯の生き方について、予定計画を案出したもの（後述）――にも、

『もし自分が六十以上生きたら、その後の十年間は、いわゆるお礼奉公で只働きをする。幸いさらに七十の坂を越えることができたら、そのときこそ、居を山紫水明の温泉郷にうつして、静かに晴耕雨読の晩年を楽しもう』

と、ハッキリ書きつけておいたほどである。

ところが、いつしか七十を過ぎ、八十を越えても、一向に死にそうにはなく、「私の人生計画」にもこのところ大いに番狂わせを生じてしまった。思わざる予定突破というわけである。

そこで、さらに、この先を新たに継ぎ足した人生計画を樹てる必要にせまられ、その順序として、しからば、人間は果していくつまで生きられるか、人間本来の寿命如

何、という研究をしてみることになった。

その手初めとして、まず、私の家の過去帳を繰りつつ調査したところ、大酒呑みや伝染病で早死した人々のほかは、だいたいみな八十五以上生きていることを、第一に発見したのである。

現に私の母は八十五、私を五つまで抱き寝してくれた曾祖母は八十九、私の伯母金子いの（父の姉）は九十七まで生きていた。なお私の義姉（いのの娘、折原孝）は当時九十を越えて健在であった。そこで私も、たしかに九十七まで生きられる血統の一人だという自覚をもつに至った。

このようにして、父の没年から人寿を比較的短かく考えていた私も、自分の健康と家系の調査から、「人生僅か五十年」と、早手回しにあきらめるのは間違いだと気付かされたのである。

老人はみなしぶとい

遺伝的寿命というものはもちろんない。遺伝的寿命といっても、それは決して寿命の長短が遺伝するのではなく、抵抗力のつよい、したがって長命にもなる体質が遺伝するのである。長生きの筋に生れた者が必ずしもみな長生きするとは限らない。人間の寿命には、もとより遺伝体質の優秀性がのぞまれなければならぬが、それよりも、その優秀体質を生かす生活環境への心配りが必要である。すなわち、体質遺伝よりも生活環境による影響のほうがはるかに大であると思う。

それは長寿者揃いの家系にあるものでも、大酒呑みや放蕩者など不摂生のものには早死があり、僧侶や学者など、肉体的にも精神的にも摂生しやすい境遇にあるものが、とくに残って長生きする例の多いのをみても、容易にうなずけることだ。

現に私の見聞したところでも、八十以上になって、なんら持病もなく、無病息災の人は、大ケガをするか、不養生なゼイタクをつづけるか、または自殺でも企てない限り、たいてい九十二歳以上まで生きているようである。これは七―八十年も生きている間に、コレラ、チフス、インフルエンザその他の流行病時代を幾度もくぐり抜けてき、各種病黴《びょうばい》に対して免疫性になっており、それらのためにいまさら死ぬ気づかいがなくなったからでもあろう。ちょうどこれは、一度疱瘡《ほうそう》にかかった人は、二度とかかることがなく、かりにかかったとしても、きわめて軽くすむのと同じ理屈である。

生長期の五倍の寿命

第一の理由は、わが一門の最高齢者であった金子伯母からのヒントである。伯母は九十七という年で亡くなったが、七十頃から眼が悪くなり、ついには全くの盲人となってしまった。その後ずいぶん不自由不衛生な生活をつづけたため、まずこれで十年くらいはたしかに寿命をちぢめたものと思える。さらに晩年は家運かたむき、かつて村一番の豪農といわれたのが、急に中農以下に転落してしまった。この気苦労にもたしかに十年の寿命をちぢめた。そこで併せて二十年の早死ということになる。したがって、その天然人寿は百二十歳前後だったという推測がなり立つ。

幸いに現在の私は、この伯母よりもはるかにめぐまれた環境と条件の下にある。すなわち、八十六になっても、まだ腰も曲がらず、眼も耳も、足も手も達者で——一番達者なのは口かも知れぬが——どこ一つわるいというところがない。前後十九回の海外旅行で、世界六大州を跋渉《ばっしょう》した結果、各地の風土病や伝染病にも免疫となっている。数回にわたる大戦争、大震災、大津波、大暴風雨、その他の厄災をも幸いに切り抜け、おまけに、幾度も死を決してしかもその死地を脱している。——つまりこれほどまでにしぶとい自分である。その上に、七十七からは、理想的の健康地、山紫水明の伊東歓光荘に住まって、文字通りの晴耕雨読ないしは昼耕夜学の生活をつづけている。すなわち、健康長寿には最もいい精神と肉体との併行的使役、しかも簡素な自然生活を悠々楽しみ得ている。

これで私が伯母より二十年以上長生きできなかったら、九十七で死んだ伯母に対してもバチが当たるわけだ。そこで、伯母の人寿と、伯母の残寿を加えた百二十歳まではどうしても生きなければならぬと考えたのである。この上はまた、自ら慢心と、贅沢と、怠惰と、名利との四つを慎みさえすれば、どうにか百二十以上は生きられそうだという信念がわき起こってきたのである。

第二の根拠は、生物学的考察から割り出したものである。有名な大隈侯の百二十五歳説は、発育期の五倍を平均寿命とする一般動物の例を採り、二十五歳で身心の完熟する人間は、必ず百二十五まで生きられるという主張であったが、私は欧米人に比べて日本人の発育期は少し短く、まず二十四年と踏んで、その五倍の百二十歳説をここに打ち立てたのである。しかも、人間を動物学的にみて、この百二十歳説は決して荒唐無稽ではない。牛・馬・犬・猫が立派にその発育五倍の生存を示している。

これにつづいて、さらに第三の根拠ともいうべきものが偶然にもみつかった。それはわれわれと同じ東洋人たる印度の釈尊が、そのお経の中で人寿百二十を肯定していることで、その経文は闍陀迦経《ジヤータカ》(本生経または歴生経とも訳す)と称するものである。その中に、釈尊は二度までも繰り返して、「百二十歳を上寿、百歳を中寿、八十歳を下寿」と唱え、それ以下はいずれも夭死《わかじに》と説かれている。すなわち、私の人寿百二十歳説は、すでに二千五百年も以前、何もかも御存じのおしゃかさまによって裏書きされているわけである。

その他いろいろの理由や根拠もまだあるにはある。だが、問題は「どうして百二十まで生きられるか」ではなく、「どうして百二十まで生きるか」であろう。

集団自殺から逃れよ

私がいままでに実際接したことのある最高長寿者は、東京の王子滝野川、昌林寺住職鳥栖越山《とすえつざん》和尚である。私は学生時代王子の山林学校寄宿舎から、毎日のように境内へ散歩に出掛けたので、その当時としても相当な年配に達していた和尚と度々出逢う機会にめぐまれた。

聞くところによると、同師は毎朝四時起床、二時間にわたる坐禅ののち、朝食は緑茶と梅干だけということで、全くの粗衣粗食に耐えた生活をしていたようである。酒、煙草をたしなまず、また終生女というものを知らなかったとのことだ。そうして、人に健康長寿の法を問われると、常に「正しい生活、八分目の食事」と答えていたといわれる。

その入寂は昭和九年三月二十八日、享年は百十一というのであった。

これでみても、世に全く例がないことでもない。人寿百二十歳――少なくともそれに目標をおいての努力摂生は、われ人共に、ひとたびこの世に生をうけた者の義務であり、権利でなければならない。越山和尚の示すとおり、だれでも不養生、不自然の贅沢生活をしない限りは、百歳以上は当然生きられ、また生きねばならぬ天然自然の寿命と称すべきものであって、世人の大多数がこれに及ばないのは、ケガをするとか、神経衰弱に陥るとか、または不衛生、不自然の生活を不知不識のうちに繰り返すからである。これは広い意味での、人類の集団自殺とさえいえるのである。

人間が長生きするには、まずこの集団自殺から逃れてかからねばならぬ。

さて、それにはどんな方法があるか。精神的観念的方法と、肉体的実際的方法の二つがここに思いうかべられる。すなわち、前者は、まず自分の天然寿命は百二十歳以上であるという確信をもって、「人生即努力、努力即幸福」の本義に徹し、死ぬまでの努力精進を楽しむことであり、後者は、衣・食・住・性などの本能欲に対して、刻苦耐乏の自然生活に安んじ、物質界の不足不満は、精神的の充足感謝をもってこれを補うことである。日常、精神と肉体とを併行して働かせ、いわゆる働学併進の生活を怠らぬことにあるのである。

老衰の悪循環を絶て

それかといって、人間もやはり老境に入れば体が衰えてくる。気ばかり勝っていても、何一つとしていいところはなくなる。だからこそ、人は年をとりたくないと考えるのでもあるが、その老いを恐れるのあまり、四十になってもう初老だ、五十になってもう中老だ、やれ還暦だ、やれ古稀だのと、実際よりも先回りして老い込んでしまう必要はない。

人間老衰の生理は、これを医者の説くに任す。ここに私は、老衰は老衰、天然自然の現象とすればやむを得ない、それが病気でない限りは、少しも心配せず、ただ力相応、根限り働きつづけることを提唱したい。

通俗的にいって、人間の体は、心臓というポンプを、手足のハンドルで働かせ、血液を全身に送って各器官を活動させるもので、老衰におびやかされて、引っ込み思案ばかりしていると、手足のハンドルや心臓のポンプまでよく動かなくなり、自然血液の循環もわるくなって、頭も体の活動も次第ににぶってくる。したがって、いろいろ病気にも侵されやすくなるというものだ。

こうした原因結果の悪循環は、老衰を感じ始めたものを、たちまち、また本当の老衰に追いおとしてしまうのである。こういう場合、ナニ糞ッと、思い切ってよけいに体を動かしたり、脳を使うようにすると、はじめは少々つらくとも、心臓内臓の諸器官もそれにつれて、やがて活発に動き出す。手足も軽くなれば、頭もよくはたらき出す。したがって、再び働くことも、考えることも、楽に、面白くなってくる。もっともっととあとをつづければ、もっともっとよくなってくる。

「老衰の悪循環を絶つ」、ここのフンバリが、何人にも最も大切なところである。

ここを旨く切り抜けさえすれば、あとはもう大丈夫である。前にも述べたように、人間も老人の域に入ることになれば、それだけまた、自分自身の健康に自信をもってよろしいのだ。

最良の健康長寿法

最後に私の健康信条といったものを再言すれば、

『人間は決して自然的には耄碌《もうろく》しない。人為的に耄碌するのだ。人間は耄碌するから働けないのではなく、働かないから耄碌するのだ。いよいよ倒れるまで働学併進を楽しむことが、最大最良の健康長寿法である』

ということになる。これはただに、私の流儀による私の確信であるばかりでなく、最近（一九四七年）北米コロンビア大学のアービング・ロージ博士によっても、科学的実験をもって立派に証明せられたところである。

ついては、以下簡単に、何人にも当てはまり、何人にもすぐ実践できる健康長寿法の具体的八項目を挙げておこう。

第一は**食事**、これは前にもくわしく述べたので、ここには、「菜食・生食・少食」とだけ繰り返しておく。また摂取したものの排泄についても注意を怠らず、とくに便秘を戒め、一日に一回ないし二回の便通をはかるよう申し添えておきたい。それには毎朝洗面後、冷水を一—二合ずつ飲むことである。

第二は**本能欲の節制**である。心身の完全なる発達と、経済的独立の目当てがつくまでは結婚をのばし、結婚後も夫婦間に節度を設け、真に完全なる夫婦生活を楽しむべきである。この心掛けを失うとたちまち飽満と倦怠を招き、かえって結婚生活の有難味を損し、ひいては大切な人寿をもちぢめる結果となる。節度については各人の体質年齢によって多少異なるものがあろうが、だいたいその極限は結婚後一週間目くらいから、二—三十代は月八回以下、四—五十代は月六回以下、六—七十代は月四回以下、八—九十代は月二—三回以下が適度のように思われる。旧来の医書養生訓などによると、いずれも六十代以後は本能欲の充足を戒めているが、これは人間の実態に即しない不自然陳腐なる説というべきである。私の生物学的研究によれば、すべて不自然な生活は健康と長寿の目的に反する。老衰に従う自然の消滅は差し支えないが、あるものを強いて極度に抑節するのは不自然で、かつ有害、賛成し兼ねるものといわなければならぬ。まして、薬剤その他不自然な方法で、促進をはかるなぞはもってのほかである。この意味で、私は老人高齢者の再婚にあえて反対しない。

第三は**睡眠**、これはよく働いて、よく眠るに越したことはない。私の晴耕雨読、昼耕夜学も、実は頭と体とを適度に働かせて快《こころよ》い眠りを求めることでもある。私は若い頃から睡眠時間はきわめて短いほうで、その時間不足の埋め合わせを、睡眠の深さによって行っている。人はよく睡眠について時間のみをいうが、問題はその眠りの深さにある。私の熟睡法についてはのちにくわしく述べる。

第四には**住宅**に関する考慮、**第五**は**衣服**の問題である。これも経済生活に多大の関連をもつからそのほうで詳細に説くことにしよう。いずれにしても通風採光と薄着になれるのがこの項での主眼である。太陽と新鮮な空気を常に肌にしみこませるように心掛ければ、百薬にまさるクスリである。

第六は病気に対する**自然療法**だ。たとえば下痢をしたときは、一―二日の断食で静かに寝て治す。風邪を引いたときは、好きな仕事などに夢中になって、これをケロリと忘れてしまう。いわゆる無抵抗療法、働き療法である。つとめて医者の薬なぞはのまない。病気は自然が治し、御礼は医者が受けとる、というのが昔からの相場である。もちろん、大ケガまたは大病の際は医者にかからねばならない。医者はやはりそのほうの専門家である。

第七は**希望に生きる**。先へ先へと仕事の楽しみを追う。**第八**は頑固、慢心、贅沢、怠惰、名利を放逐して、**精神生活の精進**につとめる。これらはすでに再三再四繰り返したところであるが、いま一度ここに念を押しておくだけの価値がある。

これを要するに、百二十歳以上の人寿を全うし、一生耄碌しないで働き通す秘訣は、若い者の仲間入りをし、一日一日の働学併進生活に、焦らず、休まず、怠らず、早くより職業を道楽化し、とくに青壮年時代には、**三節**（食・性・眠の三欲を節する）、**三多**（多く学び、多く働き、多く施す）に心掛け、老年時代には**四慎**（慢心・贅沢・怠惰・名利を慎む）、**四快**（快働・快食・快眠・快通）の生活をたのしむことである。

それに関して、とくにつけ加えておきたいことは、老人になると、一種の老人癖とでもいうべきものか、「おれは若い者とはちがう、老人は老人らしく」と、ことさら若い人々から離れやすいが、これはどうも面白くない。

水清ければ魚棲まず、人あまりに孤高潔癖にすぎると、他から敬して遠ざけられる結果となる。孤独は人間をかたくなにし、不活発にする。これではいよいよ人も年をとってしまう。

そこで私は、自ら老いを感ずるようになったら、いたずらに聖人や宗教家のごとく禁欲主義にとらわれることなく、再び還俗したつもりで、生活的にも、気分的にも若返るようにつとめなければならぬと思う。花も弄《ろう》し、月も賞し、酒も肴も、自然が、世間が、他の人が与えてくれるまま、よろこんで味わうようにするがいいと考える。

家庭生活においても、老人がいるから淋しいということにならず、老人がいるからいっそう陽気に、賑やかに感じるというくらいにならなければならぬ。

いわゆる「子供に還る」というのも、本当に耄碌して子供に還るのではなく、大いに若返るつもりで子供に還るのである。それにはできるだけ若いものの仲間入りをして、若いものの話などをよろこんで聞いてやるのがいい。若い人々も実は老人が自分らの仲間入りしてくれるのはうれしいものなのである。福沢諭吉先生も、「若いときには老人に接し、年老いては若い人に接せよ」と教えているが、これは最も適切な青年訓でもあり、また老人訓でもあるようである。

四、新生命観と人生計画の立て方

宇宙の大生命と自己

宇宙万物の根元は「原子《アトーム》」であり、その原子を構成する要素は「電子《エレクトロン》」である。電子は物質でも精神でもなく、ただ一つのハタラキをなすものである。いわば一種の機能《ファンクション》であり、宇宙の大生命である。

われわれ人間もまたこのハタラキの一部分であって、その機能、その大生命の時間的ないし空間的な表現にすぎない。だから、われわれはたえず働き、たえず生活して、この大宇宙の生命充実に貢献すべきであると私は考える。

われわれ人間がこの世で生きているということは、何かしら心の中で考えたり、何か必ず体をうごかして働かせているということである。いずれも人間のもっている生命のエネルギーが、精神と肉体の両方面に現されたものに過ぎない。筋肉的にせよ、精神的にせよ、生きている限りはこのハタラキが最も大切なものであって、私はこれを努力（勤労）と称する。したがって、努力こそは人間活動の本体であり、本能であって、私の「人生即努力」または「努力即幸福」といった新人生観はこれから生れ出てきている。

宇宙万物は一も完成し、確定したものがない。いずれも不完全、不確定のままで、たえず成長し、進化し、発展しつつ、うつりかわる。だから、われわれの人生も日に新たに、日に日に新たに、断じて現状に安んじ、とどまるべきではない。世の中は決して同じことを、そのまま二度とは繰り返さない。歴史は繰り返すといわれるが、それはきわめて皮相な見解で、繰り返すとみえても、その内容実質は常に大いなる変化を遂げつつある。今日のいわゆる真理真相なるものも、決して永久不変のものではなく、時代と共に推移し、人智科学の発達と共に進化するのである。

現在われわれの営みつつある人生は、遠い先祖時代から、各人の努力精進によって獲得した体質と知能を、代々遺伝蓄積して今日に至った集大成であって、いまもなおわれわれの責任として、その努力精進の途上にあるのである。すなわち、今日の人生を維持し、またこれを進歩発展せしめるには、私達は一日として不断の努力を怠ることはできないのである。

物質界の生命と精神界の生命

自分の生命は親の生命のうけつぎである。親の生命は遠い遠い祖先からのうけつぎである。われわれの肉体はその生命の容器《いれもの》であって、一代かぎりでついには死滅のほかはない。しかし、その中に存する生命は永劫不滅である。すなわち、われわれの肉体は死ぬことになっても、その生命は生殖細胞によって直接子孫に遺伝し、その精神はさらに言語・文章・事蹟等によって広く万人の精神界に生きるに至るものである。

宇宙の大生命から派生せられた人生は、もと電子という一元であるが、前にも述べたように、その表現は精神界（霊）と物質界（肉）の二方面となる。富めるも、貴きも、美しきも、その他のもろもろも、おしなべてことごとく、やがては墓にかえる。物質界の法相はつねに諸行無常である。しかし、これを精神界からみるときは、われわれの生命は永劫に生き、永世無限に栄えることが信じられる。

人間の一生は欲望充実の一生である。霊肉不二の生命をのばしつつ、しかも、あるいは物質界に欲望し、あるいは精神界に欲望する。この両方面の欲望を調和し、純化し、真善美の理念生活に入るのがわれわれの修養であり、自己錬成である。しかも、物質界にはしばしば不如意のことも多いが、精神界はつねに容易に意のごとくなるものだ。したがって、人はたえず精神の力で物質界を支配し、外界から来る不如意を、内面的な努力精進によってこれを如意に転換しなければならぬのである。

いわゆる神仏は決して外にあるのではない。みなわが身の中《なか》にあるのだ。人は神仏の理想に近づこうと常につとめつつあるのであるが、外界に対する本能欲の誘惑により、ややともすれば過失堕落に陥りやすい。しかし、これも人間本来の自然の姿であって、過失をおかすともあえて悲観絶望することはない。さらに大いなる勇猛心をふるいおこして、改過遷善《かいかせんぜん》、本来の理想に向かって突進すべきである。

どんな小さな理想（一歩前進）でもよろしい。それが一たび実現すれば、もはやそれはその人の人生の現実となる。しかも、その現実を土台として第二のより高き理想が現れてくる。理想追求は人間の本性であって、そこに「人生即努力」の絶えざる精進が生れてくるのである。そうしてまた、そこに「努力即幸福」の新人生観が生れてくるのである。

次表はこうした考えのもとに、私が満二十五歳に作成した人生計画表に、その後訂正に訂正を加え、今日ただいまの心境においてこれを良しとするものである。

人生計画総括表

期名	年齢	期間年数	計画目標	計画方法	悟道段階（理性と愛情）	実際生活
第一、教練期 少年期（教養） 青年期（錬成）	**六―二〇** 六―一五 一六―二〇	**一五** 一〇 五	人間らしく働くための準備	勉学錬成の道楽化 克乏生活の訓練（従順・学習・錬成）	妄信―科学信（愛情主・理性従）	**三節** 食・性・眠の三欲を節す
第二、勤労期 少壮期（働き盛り） 中壮期（分別盛り） 大壮期（知能盛り）	**二一―六五** 二一―三五 三六―五〇 五一―六五	**四五** 一五 一五 一五	身のため国のため働き、名利を蓄積する	職業道楽、成功、勤倹貯蓄（職域奉公・縦横活動）	科学信（理性主・愛情従）	**三多** 多学、多働、多施
第三、奉仕期 初老期（お礼奉公時代、感謝時代）	**六六―八五**	**二〇**	名利に超越して世のため人のために働く	名誉職、世話役、官公務、人生指導（奉仕的円満無碍の活動）	科学信（理性と愛情の調和）	**四慎** 慢心、贅沢、怠惰、名利を慎む
第四、楽老期 中老期（指南時代） 大老期（無為化時代）	**八六―一二〇** 八六―一〇五 一〇六―一二〇	**三五** 二〇 一五以上	心の欲する所に従う、ただし八分目に逓減する	晴耕雨読、顧問、相談役、身の上相談、遊覧指導旅行（和顔慈眼、光風霽月）	超科学信―霊感（愛情主・理性従）	**四快** 快働、快食、快眠、快通
第五、永眠期	**一二一以上**	朽ちざる事蹟の墓に眠り、伝えることに生き、知らるる名に残る				

【あとがき】

人間二十歳までを第一期教練時代とし、二十一歳以後六十五歳までの四十五年を第二期勤労時代とする。これが正味の働き盛りである。第三期六十六歳以後の二十年間をいわゆるお礼奉公時代とし、前期主として、自分のために働いたのに対し、名利を超越して、世のため、人のために働く。第四期の八十六歳以後は楽老時代で、「心の欲する所」に従って、しかも「矩《のり》を踰《こ》」えないようにする。

これは孔子が七十にして達した心境であるが、われわれは凡人だから十五年のばすのである。現在の私はこの楽老期に入ったわけだ。

私の暮らし方・考え方

一、ムリのない法・ムダのない法

すべては実行にある

なんでもよろしい、それがいいことだと思ったら、ただちに実践にうつす――これが私の生活流儀、「暮らし方・考え方」の、そもそもの第一条なのである。

由来、世の中のことはすべて相対性のものであり、人間行為はみな条件反射によるものである。だれが何をする場合でも、反射的、無意識的にうごくことが最も多い。したがって、すること、なすこと、過失もあれば、ヘマも多い。いわば人間の一生は、そんなことの繰り返しである。ままにならぬも無理はない。

われわれ平凡人が、このままにならぬ世に処して、これをままにするただ一つの法は、環境を支配するなんて大ソレたことを考えないで、自らをその環境にできるだけ適応させていくことである。

それには、どんな小さなこと、どんなツマラヌことでも、それが少しでもいいことであったら、「よしッおれも一つやってやろう」と、意識的、努力的に――これも一種の条件反射であるが――ちゅうちょなく、実行していかねばならぬのである。

マゴつかぬ早手回し

自分の仕事は自分で、しかも、できるだけ先へ先へと早目に片付けていく。これが日常生活における私の一番の心がまえである。

きょうの仕事をきょう片付けるのは当然のことであるが、もしできることなら、明日の仕事をきょうに、明後日の仕事は明日にと、順次手回しよく片付けるようにしておきたい。ホンの少しずつでも、少しずつ早目に片付けるのと、少しずつ遅らせてしまうのとでは、そこに大変なちがいが出てくる。こうした心ぐみで、なんでもいったん取り掛った仕事を、つぎつぎに追い込んでかかれば、どんな事故が不意に起きてもまごつくことがない。いや、その事故さえも起きることが少なくなる。

きょうの仕事を明日へ繰り越すとなると、明日の仕事はまた明後日というわけで、仕事が溜まり溜まってついに動きがとれなくなる。毎日毎日仕事の仕残りが気にかかって、家へ帰っても十分休養がとれず、夜も安眠ができなくなる。したがって、日曜にも臨時出勤しなければならず、過労に過労が累加されてきてしまう。

これは仕事のことばかりではない。なんでも早目ということのすきな私は、汽車旅行の場合などでも、支度のでき次第、早目に停車場へ出掛けていく。そうして、時間があればそこで本を読むなり、何か調べものをやる。この方が時間ギリギリまでうちで仕事にかじりついているよりも、落ちついて、かえって能率が上がる。本を読んだり調べものができなければ、居眠りでもして、その晩の睡眠の前払いをしておく。もしまた、予定よりも前発の汽車に間に合えば、それに乗ることにする。こうすれば、時間にも余裕ができ、途中で故障が起きても大丈夫だと、心にも十分ゆとりが生ずる。

せいては事を仕損ずるというが、せいてしなくともすむ仕事を、ゆっくり、先へ先へと手際よく片付けておけば、やがてせく必要もなければ、せいて事を仕損ずることもない。先へ先へと片付けた仕事には、いかなる場合もほとんど手落ちというものがない。

仕事の大きな手落ちは、あわてて片付けようとする際にのみ起きるようだ。

時間のムダをしない法

仕事の段取りのわるい者に限って、よく「時がない」という。

一ヵ月はだいたい三十日、一日は必ず二十四時間と、だれにも同じように決まっている。一人一人に過不足のあるものではない。それなのに、得てして、こういう声を聞くのは、そういう当人の仕事に対する段取りがわるいのか、時間に対する心掛けが間違っているからである。

もっとも、世間にはクダラヌことで大切な他人の時間をうばう悪風が少なくはない。ちょっとした旅行の送り迎えなどもその一例だ。だから、前記のような汽車の乗り方をする私は、いつも、出発時間や到着時間の未定を口実にして、一切の旅行に見送りや出迎えを断ることにしてきたのである。

さて、汽車や汽船の中では、仕事のないときはいつも寝溜めだ。時間が長いの、スピードがのろいのと、自ら求めてイライラすることはない。

帰宅の夜には、留守中溜まっていた仕事を必ずその夜のうちに片付けてしまう。長い旅行のあとなど、ときどき家人から、「今晩はおそくなったから明日になさっては」といわれることもあるが、汽車の中で十分に寝溜めしてあり、帰った晩とてよけい眠る必要もないから、必ずその晩中にできるだけのことはやってしまう。

大学や官庁の実地調査でよく出掛けた際なども、つとめて一日の日程以上に仕事を片付けることにした。ことに私の関係したものは山林関係で、こちらが勝手な日程を立てても、天候に左右されて進まぬ場合が多かったので、とくに先へ先へと手回しよくしておくことが必要であった。少し手回しよく仕事をすすめておけば、出張先でも、雨の日はまた雨の日で、それに向く仕事が見付かったものである。この辺の心得のない人は、よく山林調査などで降り込められると、気ばかりあせって、そのくせタイクツで困り果てるようであるが、私などいつどこへ出掛けていっても、タイクツで困るということはなかった。

それからまた、仕事の多すぎるときは、急ぎのものから先にやるのはもちろんであるが、その次にはいやなこと、難しいことを先にし、好きなこと、やさしいことは後にすることにしてきた。

このやり方は、「むしりやすい草からむしっていけ」という、二宮翁の教訓にそむくようであるが、あれは全体としてものをみた場合の行き方、これは部分としてものをみた場合の処理法である。

なお、来信に対する返事は、故石黒忠悳《いしぐろただのり》翁（枢密顧問官）のひそみにならって、来訪者への挨拶と同じに考え、何よりも先んじて、即時即答するようにつとめてきた。

物をムダにせぬ心掛け

仕事の段取りをうまくつけることは、取りも直さず、時間のムダを避けることであるが、さらに、時間と共に物を粗末にしないのが私の大切な流儀である。

自分のものを自分でムダ使いしないのはもちろん、官庁や会社工場等、勤務先のものをいっそう大事にしなければならぬのはいうまでもないことだ。――みんなが物を大事に使っているかどうか、これさえみれば、その職場のすべてがうまくいっているかどうか、一目でもってすぐよくわかりさえする。

官庁や会社の物品は、得てして粗末に使われやすい。役所の便箋でムダ書きをしたり、会社の状袋で私用の手紙を出したり、はなはだしいのになると、真ッ白な用紙をピリッとはぎとってハナをかんだりする。こんなのを見掛けると、よそごとながらわれ知らず腹が立ってくる。私は学校や学会の用紙を使用する際など、余白のあるものや裏白のものはみんな取っておいて、次に必ず何かの下書きに使うように心掛けた。また自宅でしたためる文章なども、たいていは古いノートの残頁や広告ビラの裏面で間に合わせた。これはいずれ清書しなおすものであるから、初めからきれいな紙を使用するに及ばないのである。さらに一度使った封筒も裏返して使い、いろいろな包紙もいちいち皺をのばしておいて、再度の用にそなえた。

紙の話のついでであるが、便所の落し紙などでも、ドイツその他欧州の民家では、どこでも多く古新聞であるのをみてきた私は、昔から、古新聞のやわらかなものを選んで適宜の大きさに切り、それを手でもんでさらに使いよくし、便所の備え付けには、ボール箱を二つに重ねて、下のほうへ入れることにした。つまり、来客のためには、上の箱に立派なチリ紙が用意されているが、家人はすべて下の新聞紙を使用するという仕掛けである。これでいくと、チリ紙一帖で、何年も何年も用が足りる有様であった。

貧乏学生とアルバイト

物を大切にする話が出たので、少しばかりここに学生時代の貧乏話をしておくとしよう――貧乏話イコール倹約話なのであるから。

今日の学生諸君も、金に困っているものが多い点において、昔の学生と少しも変わらないようである。それどころか、相次ぐ経済変動のあおりで、われわれの時代よりもっと深刻なものがあるのかも知れない。しかし、学に志して粗衣粗食を恥ずるはともに語るに足らずで、学生に貧乏はいつの世にもつきもの、諸君は決してこれを恥じたり、悲しんだりすることはない。むしろ、貧乏は学生の本分、最も貴重な賜りものと心得て大いに奮発すべきである。

そこで、六十余年前の私の貧乏話にうつる。

山林学校へ入った当時の私は、一家が困窮のドン底に在って、一ヵ年五十円の学資しか出してもらえなかった。それも国元の兄姉が、養蚕や野菜の積み出しで身を粉にくだいて働いた金なのだから、いくら足りなくても、もうそれ以上一文も無心がいえぬものであった。

いかに子供の頃から貧乏なれた私でも、これを月謝と寄宿舎費とに前納してしまうと、手元にはもはや一銭の小遣いも残らないので、すこぶる弱らされたのである。

そこで、苦心の結果案出したのが、今日でいう一種のアルバイトである。それは、すでに払い込んだ寄宿舎費の中から、外食をして欠食届を出すと、一定額の払い戻しが受けられるので、それを目当てに、毎日曜必ず、四谷の知人宅まで家事の手伝いに出掛けることであった。

そのために、私は日曜ごとに特別の早起きをした。そうして、スキ腹をかかえながら、三里半の道を四谷仲町まで急いだ。先方も歓迎して待っていてくれ、畑仕事や掃除の仕事をあてがって、三度の食事にはどっさり御馳走を出すのが常であった。何しろ若いものの元気と、金のないかなしさで、七里の往復を七日ごとに繰り返したのであるが、これで一日十二銭五厘、一ヵ月四回で五十銭也の欠食払い戻しが受けられた。おかげで、どうにかこうにか小遣いのほうのしのぎがつけられたものである。

もちろん、こんなにしてまでこしらえた五十銭であるから、使うほうでもそうやすやすとは使えなかった。したがって、鉛筆などは寄宿舎の窓下に捨ててある使い残りを拾い集めたり、また紙も、駿河半紙の裏表へ、顕微鏡でみなければわからぬような細かい文字を隙間なく書きつけたりした。学生服は官給だったが、靴下は自弁なので、いつも素足にドタ靴をはいた。四年を通じてただの一足ですまし、はいているよりポケットにおさめられているほうが多かった。すなわち、訪問先の門前まで行ってはき、帰りにはもう門前でぬいでしまった。これでは四年でも五年でも保つわけである。

また遠足の途中、山谷の渡しを一人だけ駈け足で吾妻橋まで大回りし、たった五厘の船賃を助けたことまである。――もっともこのときは、払おうにも払うその五厘を持っていなかったのであるが。

十二単衣と猿股一つ

私は何十年来、詰襟《つめえり》主義で押し通してきた。これは「本多の詰襟か、詰襟の本多か」とまでいわれたほどで、われながらいささか誇りにすらしているものだ。

さて、私の詰襟主義のそもそもは、ドイツ留学中の、林学生の制服を着ふるして持ち帰ったのに始まり、その後同じものを内地でこしらえて、外出用——したがって常服——に充てたのである。夏冬二様の準備で、これはワイシャツもネクタイもいらない。便利かつはなはだ経済。それから、外套も薄いレインコート一枚で一年中を通した。もちろん、厚ぼったい冬オーバーなどはぜんぜん不用である。

その代りに、私は寒くなると、人の着ない「内套」という奴を用いた。外套の反対である。すなわち、夏シャツを二—三枚、股引も重ね着をするのである。これは重苦しい外套などよりは、いっそう便利重宝なもので、職業柄山などへ出掛けて汗になっても、一番下のシャツを脱ぎかえて上に着れば、さっぱりして気持ちもよくなり、またそのシャツも体温で自然にかわくといった仕掛けである。

冬は十二単衣、夏は猿股一つ。これが若い頃からの私の衣生活の流儀なのだ。

なお物を大切にする建て前から、なんでも修理できるものは、トコトンまで修理して使用するようにしてきた。とくに靴下や重ね着のシャツなどは、継ぎハギだらけでほとんど原形をとどめないほどに愛用する。戦時戦後の木綿糸の払底時代には家内もすこぶる困ったようだが、そこをなんとか工夫して、大戦中から八年間一枚も買わずにうまく切り抜けてきた。

この継ぎハギものを、家族仲間では「山陽道シャツ」、「山陽道ズボン」と称してしゃれている。というのは、東海道の五十三次（継ぎ）をとうに通り越して、百次、二百次にもきているからである。

着物についてもう一つのしゃれを御披露に及べば、私は一張羅のレインコートのほかに、ちょっとした雨の日の外出には、山行きの檜笠やござをいまもって常用にする。これを私のうちではニュー・レイン・コート（濡れんコート）と愛称しているのである。

本多家式買物法

私の家では、昔から買物はすべて現金主義であった。御用聞きというものは絶対に入れなかった。なんでも必要なものは、現金をもって、こちらから買いに出掛けた。

そうして、できるだけ実質的な安いものばかり買うことにしていたのである。これによる利益は、長年に見積ってどれだけになるかわからないほどである。戦時中は「顔」で買うということもあったようであるが、極端な耐乏生活にたえてきた私どもには、あえてその必要もなかったのである。しかも、それは一時の変態で、やはり現金買いの出張購入が、一番経済でもあり、たしかである。現に再びそうした時代に帰ってきたようである。

それから、私の家では、衣服などについて、いつもつもり買いのつもり貯金というのをやった。すなわち、呉服屋のショウ・ウィンドウを外から眺めさせて、気に入った柄、気に入った物はいつでも望み通り買うことに賛成した。賛成はするが、それを即座に持ち帰るのではない。ただ買ったつもり（気分）にさせるだけだ。そうして、品物はそのままその店に預けておくことにし、ぜひその品物がなくてはならなくなるまで、別にその代金同額を銀行に預けさせておくのである。すると、いつしか欲しいと思ったものも欲しくなくなり、必要なものも必要でなくなって、貯金だけがチャンとあとに残るという仕組みなのである。

さて、この私の考え方は、食物や娯楽品などでも同じことで、おいしそうなお菓子、珍しい果物、そんなものは、飾り窓の硝子越しに、いくらでも食いたいだけ食べる。御馳走してやる。そうして、その都度、食ったつもり、馳走してやったつもりのつもり、、、、貯金となるのだから、イザ何か必要なものをといえば、今度はいつも本当に買うことも、買ってやることもできたのである。

こんな調子だから、全く私どもほど街に出てゼイタクな買物をやったものはないことになる。ちょっと渋谷や青山通りへ出ても、お菓子屋から花屋である。花屋の次は洋品屋である。

「食べ物はもうたくさんですから、植木をみましょう」

と家内がうながす。ひと渡り眺めて、秋海棠《しゅうかいどう》の一鉢が気に入ったという。例により、

「欲しけりゃ買うさ」

と答える。そこはあいにくと硝子越しでなく、店先の棚に並べてあったので、家内が

手をのばせばすぐ持ち上げられる。

「オイオイ、買うは買っても、気分で買うのだぞ、それを持ち帰って枯らしてしまうより、この店に預けておけば水も忘れずやってくれるし、枯葉もいちいちのぞいてくれる。みたければいつでもここまで散歩に来ればいいじゃないか」

幸いに店の人がかたわらにいなかったので、二人は笑いながら次に移るというわけ。それでみな愉快で、幸福なんだから有難い次第だ。――花屋さんにはちょっと気の毒かナ。

嫁入り道具と貯金帳

私には娘が三人あって、その娘を嫁にやる際なども、世間一般の馬鹿馬鹿しい支度は一切やらなかった。もちろん、必要なもの、望みのものはいちいち用意することにしたが、その方法というのが、つもり貯金術の応用でいささか変わっていた。

すなわち、欲しいものはなんでも作ってやるが、一度に渡しても置き場に困るであろうし、盗難のおそれもあり、それにまた流行遅れにもなりがちである。だから、買いととのえたいものを、あれもこれもとみんな書き出させ、それだけの金額を貯金通帳で渡してやったのである。つまり買いたいものはみんな買ったつもり、買い取って、まず一切を、三越か、なんなりへ預けておくつもり、そして、いよいよ本当に入用の差し迫ったものだけ、その都度、随時店へ引き取りに出掛けてゆくという寸法にしたのである。

こうしたいき方で、実際には、結婚式の式服と行李一個ぐらいをととのえてやっただけで、その他はすべて「預け物」貯金帳でもたせたのである。ところで、結婚後娘たちは、実際生活の上で新たに生れ出た必要品ばかりを、改めてあれこれデパートへ出掛けて買い求めたのであるが、本人らは最も必要なとき、最も必要な物を、しかも最も新しい品で、それぞれ気に入った店から受け取ることができたわけである。

結婚の前と後とでは、娘たちの購買心理にも大変な相異がある。平たくいえば本当の欲も出てきて、いつもギリギリのものしか買い入れないで、貯金帳の帳尻には相当のものが残った。

これは三人が三人とも同じで、初めはちょっと「お父さんもひどい」とうらまれたが、後には、「あれはホントウによろしゅうございました」と一斉に感謝されるところとなった。インフレ時代にはできぬことだが、経済安定化の今後は、再びみなさんにもおすすめしたい私の考え方である。

二、大切な住《すま》いの工夫

生活転換の第一歩

生活の単純化は、まず居住の単純化から始まらなければならぬ。私も早くからそれに気付いたので、「自分の家」と名のつくものに住むようになってこの方、ずっとその実現につとめるべく心掛けてきている。

昔から、「居は志を移す」とも、「居は気を移す」ともいわれているが、いかなる場合も、居住の合理化は生活転換の第一歩をなすものといえる。

ちかごろ、戦後とくに、文化生活などとやかましい。だが、その本当の意味は悲しいかな、日本人にはまだまだわかってはいない。マッカーサー元帥も日本人の文化程度を評して、十二歳の子供ぐらいだといったが、まずまずそんなところであろうか。

その証拠には、ただ住の方面のみについてみても、いままでの日本家屋は、玄関と外見だけが立派で、いずれも内容はそれに伴ってはいない。

もちろん、住宅難、資材難に苦しむ今日の家屋についていうのではない。追って改善改良されるであろうが、これはこれで仕方がないのである。私がここに衝きたいのは、虚偽と不合理にみちみちた、これまでの日本人の暮らし方、考え方なのだ。

一例をこの住居にとっても、ムダな間数ばかりが多く、実に不便と、不健康と、不快適とを極めたものばかり。こんな家を設計するのもわるいが、注文するのもわるく、平気で住んでいるのも気が知れぬ。自分自身の家でありながら——この場合、持ち家たると、借家たるを問わない。自分の住む家は自分の家である——すこしも住みよいように心掛けず、ほとんどすべてが見せかけばかりを考えているのである。

ことに日本人の悪い癖は、一年に幾人ともない来客のために、客間を一番いい場所において、自分たちの三百六十五日使用する居間や、寝室、台所などを、不衛生な面白くないところにこしらえて平気でいる。いったい住宅はあくまでも住まう人のためのもので、接客業者のように客をもてなすのが目的ではない。自分の家はあくまでも自分たちのものだから、居間や台所とかは、何よりも一番いい場所を威張って占領するがよろしいのだ。

真の文化生活とは、外見は後まわしにして、まず第一に内容の充実を考えなければならぬ。

内部を便利に、快適に、またムダのないようにすることが大切だ。つまり、外見にかける費用を内部にかけなければならぬ。その点からいうと、住宅はできるだけ小さく、便利に工夫するに限る。そうすれば、女中なども使わずにすみ、外出も安易だ。日常の失費も省け、日常生活が大いに合理化され、したがってまた充実されるわけである。

誤った従来の考え方

住宅の問題で一番大切なのは、高燥で日当りのいいことである。井戸水または泉水の豊富かつ良質であることも望まれる。もっとも、都会地では上水道があるから、これには一応頭を悩ます必要はなかろう。

つぎに家屋の建て方であるが、これは棟が東西に走り、およそ二十度位東南に向かっているのが理想的である。たとえ部屋が南北に重なるとしても、その北側の部屋にも夏は西日が当る。むろん西日はいやなものだが、ぜんぜん当らぬよりはずっと衛生的である。「太陽の入らぬ部屋には医者が入る」といわれているが、西日でもお医者さんの御入来よりは、はるかにマシというものであろう。

繰り返すようであるが、日本住宅の大部分は、たまにしかない来客のために、一番日当りのいい座敷を客間として空けておき、肝腎な家族は、一年中、医者を呼び呼び、日陰の湿っぽい部屋に閉じ込められているなんぞは、全く意味がない。愚の骨頂である。

おまけに、この誤った考え方には、つまらぬ接待準備の附録がつく。すなわち、年に一度か二度、ときとしては数年に一度という招待客のために、多数の座布団、煙草盆、手あぶり火鉢、膳椀、茶道具、皿小鉢といった類のものまで、一通り用意しておかねばならなかったのである。したがって、必要以上、実力以上にも大きな家に住まわなければならず、またその手入れのために、よけいな人手もそろえねばならなかったのである。だから私は、すべての生活改善は、まず住宅改善からといいたいのである。

いずれにしても、われわれ日本人の身辺には、あまりに用もないガラクタが多過ぎる。このガラクタを思いきって追放し、できるかぎり整理しなければ、われわれの日常生活はすっきりしてこないのである。ガラクタの中に埋まりつくしていて、全く文化生活なぞあり得ようはずはないではないか。

そこで、居住の単純化は、また身辺のガラクタ征伐から始まらなければならぬのである。

私のやった工夫のいろいろ

そんなこんなで、私は六十五で伜と別居してからは、東京の本宅（渋谷）に、九十坪の敷地へ三十五坪の二階家を作ったが、イザというとき、また二階全部を他家族に貸せるよう、二階にも便所や洗面所をこしらえ、上り口も玄関からすぐに行けるようにした。さらに屋根裏全部を物置に利用し得るように工夫したので、ほとんど三階建てにも等しい効果を生んだものである。なお台所は全く新式で、居ながらにして何もかもやれるように設備したので、だれにも働きよく、したがって女中なしにも暮らせることになったのである。

いったいに、日本家屋というものは、それがいかに大きく立派でも、二世帯以上の共同使用に適していないのが最大欠点で、これからの設計には、とくにこの点の留意、改善が必要であると思う。

つづいて、これに関連したことであるが、住居のムダで一番問題なのは、留守番がいつでも一人いなければならぬという、在来日本家屋の構造そのものである。しかもこの問題もまた、今後の日本住宅が、みなしっかり建て直らない以上、根本的な解決法はないとも思われる。

私は渋谷の本宅を建てる際、それでもできるだけこの欠陥をおぎなう設計をこころみた。そうして、玄関にあたる西洋館には、アメリカから特別の錠（ナイト・ラッチ）を買ってきて、家のものがめいめいその鍵をもって出掛けることにした。それはすこぶる小さな鍵で、一度しめたら外からも内からも開かないので安心しきった。もちろん、二日も三日も空け放つわけにもいかなかったが、ちょっとした外出にはそれで十分といった心安さがあったので、私も家人も、留守番なしでよく出掛けたものである。

つぎに一般の家庭で、最も意を用うべきは風呂と洗面所だ。私どもの渋谷の家では、九尺四方――四畳半の広さ――にこの両方を収めた。風呂のほうは、比較的大兵な私の身体が入ってちょうどよい加減の大きさにし、ここまで水がはいれば、こぼれずにいっぱいになるというところに、線を引いて印をつけ、水と燃料の節約を第一に心掛けた。ユブネの型は小判型を選んだ。これは隅々まで掃除が行きとどくからで、角が多いのはどうしてもそこに湯の無駄があり、また腐りつく箇処が多くなる。それにドイツから取寄せた——今日ではガス会社で売っている——パイラントの自働噴泉機というのを使用したので、昼でも夜中でも栓をひねるとすぐ熱湯が出て、すこぶる経済でもあり、便利でもあった。

いったい私は、前にも述べたように、住居というものに対しては、できるだけ狭小な区域を、できるだけ能率的に活用することをもって理想としている。これがまた、あらゆるものについての私の考え方でもある。

これから家を建てる人に

いずれにしても、こうした配慮のもとに建てた私の家（渋谷）は、幸いにして戦災にも焼け残った今日、現住者たちも大変便益を得ているようである。さらに現在私のいる伊東の別宅も、戦時中にこしらえただけにいっそうこのことに注意して、通風、採光に十分工夫をこらしたのはもちろん、常用する食堂兼居間のごときも、東南面の一番いい位置を選んだ。それに、一般には、ネズミのいい運動場にしかなっていない屋根裏も、渋谷のそれにまた改善を加え、物置としての完全利用を行ったのである。したがって、平家建ではあるが、二階家同様に大きな便益を得ている。

以上を総括して、これから新しく家を建てる人々のために、私の体験と理想をつきまぜた結論を老婆心までに申し添えると、だいたい次のようなことになるかと思う。

まず敷地の選定については、周囲の状況、買物の便否、保安、衛生の諸条件、地盤の強弱、地坪の大小及び形状、その他に考慮が払われなければならぬのはいうまでもないが、とくに建築設計上の注意としては、

一、最も多く使う部屋を最もいい位置におくこと。

二、来客にあまり私室をみられないですむようにすること。（これはお互いの不快を避けるためである）

三、部屋から部屋への連絡をよくすること。

四、貸間または共同使用の便益を考えに入れておくこと。（いつかその必要が生じ

ることもある）

五、非常の場合の避難について万全を期しておくこと。

六、すべての場所の掃除が行きとどくようにしておくこと。（とくに台所、浴室、便所等、不衛生になりがちで、しかも痛みやすい場所には、この工夫が大切である）

以上の諸項目を忘れてはならない。通風、採光、防火、盗難予防については、これまた前に述べた通りである。

庭はどうしたらいいか

建物にもまして、私がさらに頭をひねったのは、あますところなき庭園の利用法である。

日本住宅の庭には実に無駄が多い。一般には庭はただ眺めるもの、もしくは眺めてもらうものとされてきているようであるが、これははなはだしく非生産的だ。

いったい日本人は、昔から自分だけの小さな庭に金をかけ、公共で楽しむ大きな庭、すなわち、公園の利用ということをかえりみないのはすこぶる遺憾である。私は職掌柄、日本国中はおろか、海外にまで公園を作って歩いたせいか、風景美、庭園美の満足は、もっぱら、私園に求めず、公園にこれを求めるようにしてきている。そこで、私は公園主義、公園学者の立場において、この眺めるための庭園は、すっかり立派な公園を利用するほうに譲って、東京在住時代から、庭の生産的活用に徹底を期したもので、一切無用な庭石などは置かず、樹木はすべて地味に合った果樹を植え付け、余裕のあるところは隅から隅まで自家用菜果園に仕立てることにしたのである。これでけっこう風致もあり、雅趣も味わえて、十分に二様の収穫を楽しむことができたのである。

いますこしこれを詳しく述べれば、六十坪ばかりの庭を（東京の場合）、すべて花壇と果樹園と菜園にしてしまったのであって、一坪の簡単なフレームもあり、果樹もみなそれぞれ美しい花をつけ、実を結び、梅、柿、みかん、いちじく、ぶどう、その他の果物も、野菜も、草花も、いつも気やすく庭先から採れるというわけ。そのために、妻なども天気さえよければすぐハダシで庭へ降り立ち、それらの世話に忙しく、草花や野菜が可愛くてたまらぬので、さしせまった必要以外には、どうしても外へ出たくないなんていっていたものである。おかげで、芝居やデパートなどへも自然と足が遠のき、そういう方面での冗費も省けて、一石にして二鳥というところであった。いやまだ、それに健康上の功徳を加えれば正に一石三鳥にもなったわけである。もっともこれなぞは、戦時中どこででも行われたことであろうが、私どもではすでに三十年も前からやっていた。そこに私どもの自慢があるのである。

こんな有様なので、私は林学博士という植木屋さんの親類みたいな肩書をもっていながら、ついぞ、一度も植木屋さんにものを頼んだことがない。昔、大山元帥も「松もいいが、金ばかり食って」とこぼしておられたそうだが、私も小さいながら、六十坪の普通の庭をもっていたら、年々どれだけの金を食われたものか知れない。それを、私どもはあべこべに、その庭を年々腹いっぱい食ったのだから、大したものといわなければなるまい。

ついで伊東へ来てからのことは、すでに何度も各方面に吹聴を繰り返したのでここに省くが、ともかく、この庭園利用にもいっそう徹底をはかったので、戦中戦後の食糧不足時代にも大いに助かった事実だけを申し添えておきたい。

住生活と順応生活

次に住居についての、生活上における私の考え方をさしはさもう。

昔から一口に衣・食・住といいならわされているが、この住居の問題は、他の二者とちがって、すこぶる固定的な要素がつよく、人々がこれを支配し、変更していくというよりは、むしろこれに自ら順応していかねばならぬ部面がはるかに多い。ことに戦後の住宅難時代では、どんな家でも、家がありさえすれば有難い。バラックであろうが、古家であろうが、見つかりさえすればこのうえないという有様である。また借地の、新築の、改造のといっても、それは、一部の人々にのみゆるされる事柄で、普通の者には借家、下宿、合宿といった類の選択の余裕すら与えられていない。つまりは、自ら選んで住まうというよりも、与えられたものに住まわせてもらうというほうが適切なぐらいである。したがってここに、住居に関する限り、順応生活の工夫と心構えが最も必要となってきているのである。

元来、住居はひとり健康上の問題からばかりでなく、人間生活のいろいろな方面に、いろいろ重要な意義をもつものである。それは一種の生活道義にすら通うものがある。たとえば、現に自分の住んでいる家を愛して――持ち家であろうが、借家であろうが、もちろん、これを問うところではない――できるだけ住み心地よくすることは、個人生活ばかりでなく、家庭生活、社会生活の規律基準となるものであって、住居愛はひいて家族愛ともなり、隣人愛ともなり、やがて大きく国家愛、人類愛ともなるのである。また子弟の教育にもすこぶる重大な影響を及ぼしてくるものである。

住居愛の心と手

各人がつとめて住み心地のいい家にするということは、単に主観的に、どうこうというばかりでなく、実際的にも、その施設と手入れにそれぞれ工夫をこらしていかねばならない。

住居というものは、住みつづけることによって、自然破損もし、腐朽もし、不潔にもなり、不整頓にもなりがちである。ときに倒壊・失火等の危険をも生ずることがある。それで常にこの住居愛の心と手がよく働かないと、どんな家でもすぐにムザンに住み荒されてしまう。住み荒された住居に、規律と幸福の生活があり得ようわけはない。なにもかも、実に見るに堪えなくなってくるのは必定だ。

その人の住いをみれば、その人の全生活がわかるといわれているように、住み心地よく、創造し、工夫されつつある住いか、投げやりにスッポかされた住いか、一見、そこに住む人々の、道徳も、品性も、残りなく見透かされるというものである。

いったい人間というものはなさけないもので、それが自分の持ち家となると、何から何まで大事にして、ちょっとした子供の悪戯や過失にもすぐ目に角を立てて叱りとばす。決して、意識しながら住み荒しはしない。ところが、いったん借家ということになると、いわゆる借家人根性で、子供ばかりではない、大人まで一緒になって住み荒しにかかる。柱には釘を出鱈目《でたらめ》に打ち込む、ふすまは破る、壁は落ち放題ということになる。こんなことではとてもすっきりした生活なぞはのぞめない。一同の生活も自然、自堕落に陥って、子供らの家庭教育も台なしになってきてしまう。

もっとも一面からみると、家主が営利のためにははなはだ粗悪なものを承知でこしらえたり、家賃収入の上らぬまま構いつけなかったり、またはいたずらに因業な暴利をむさぼるので、いきおい、借家人もその家にアタルということともなろうが、いずれにしても、私はいわゆる禅家の「随所為主《ずいしよにしゆとなる》」で、自分の物たると、他人の物たるとを問わず、住居をできるだけ愛し、美化し、浄化し、強化して、いつまでも保存に堪えるように心掛けたい。それは単に住む人の生活をよりよくするためというばかりでなく、また家主のためというばかりでなく、国家社会のために、ことに子女の徳性涵養のためにも絶対必要なことであると思う。「居は気を移す」といった昔からの言葉も、実はこの辺の教訓を含むものであって、決して次から次へと引越しばかりするのをいたずらに、奨励しているものではない。

三、家の内のこと・家の外のこと

世界に誇る「ジャン憲法」

私の家には、古くから「ジャン憲法」というのがある。終戦後といえども、別に廃棄もされなければ、また改正の必要にも一向せまられていない。

それは、夫婦間もしくは家族たちのあいだで、何か意見の一致をみないことがあると、お互いに二度までは意見を主張し合うが、それでも決まらぬとなると、三度目はいつでもジャンケンで決めることになっているのである。ジャン、ケン、ポン、すなわち「ジャン憲法」である。もちろん、この場合、負けたほうが勝ったほうの意見に従わねばならぬのだ。

もともと同じ家庭内のことであるから、たいていのことはだれにも利害一致で、そうそう大問題の起きることはない。「ジャン憲法」を適用しなければならぬのも、実はどっちに決まってもいいようなことばかりである。

ところが、このどっちでもいいようなことが、お互いに行きがかりの意地を張り合うと、つまらぬ議論になり、口争いとなって、家庭内が不愉快になりがちなものである。そこで、笑いながら、この「ジャン憲法」の適用によって最後を決するのである。これなら、どっちが勝っても、負けても、朗らかに解決されるので、しごくよろしい。――たまには、これがために、あたたかい日に、いっそう厚着を強いられたり、カンカン照りになるような日に、一日中雨傘を持たされて閉口することもあるが。

なんでもないことは、なんでもなく解決する。これがまた、私の大切な「暮らし方・考え方」の一つである。

この世の中は鏡のようなものである。だから、自分が額に八の字を寄せて向かえば、世の中という鏡もまた自分に八の字を寄せて睨みかえす。人間はまったく気の持ちよう一つである。何事にもみなあまりに深刻に考え過ぎないことだ。それかといって、もちろん、何から何までエヘラエヘラといった態度で過ごすのも軽薄だ。真剣に考え、真剣に立ち向かわなければならぬ事柄もはなはだ多い。しかし、なんでもないことに思い過ごしをするのはつまらぬ。虚心坦懐、あっさり片付けてゆくに限る。

われわれが常に心を快活にたもち、いつもニコニコ生活をつづけるには、遠慮、瘦せ我慢、負け惜しみ、虚偽、それにまた、きまりがわるいとか億劫だとかいうようなことを一切追放してかからなければならない。なんでも、子供のように無邪気になることである。

それにはまず、「ジャン憲法」の施行が一番いい。

わが「ジャン憲法」のねらいは、すなわち、つまらぬ日常生活の邪気、慢気、争気の放棄にあるのである。

夫唱婦随と婦唱夫随

こうして家庭内における尋常茶飯の難問題は、難問題というところまでいかないようにして、「ジャン憲法」であっさり決めてかかる。そうすれば、どこの家庭にも、そうそうほんとうの難問題ばかり出てくるわけのものではない。普通のことを普通に取りさばいてさえいけば、これはどうしようもないという難問題も、自然にしかも事前に、その影を ひそめていく。家庭内は常に春風駘蕩《しゅんぷうたいとう》で、夫唱婦随、もしくは婦唱夫随で――これもまた実はどっちでもいいことだ――しごくおだやかに過ごしていかれるわけである。

それにはまず、夫は夫の仕事、妻は妻の仕事で立つべきだ。

忙しい世の中で、また懸命に仕事と取り組んでいる人で、男が家庭のことを何から何まで指図するとか、自分で片付けるとかいうわけにはいくまい。その必要もない。私どもでは最初から、すべてを家内に任せてしまった。月給袋などは持ってきたまま そっくり渡す。そして、確たる方針の下に、収入の四分の一はまず貯金に回し、その後でお前が自由に生計を立てろ、それができなければ「出て行け」というわけだった。もっとも、この場合、「出て行け」も、ニコやかに笑っての「出て行け」である。

こういうふうに、何もかも細君に任せてやれば、自然責任も持つし、その方面の知識もできてくる。亭主がいちいちヨケイなことをいうから、自分で研究する気持ちもなくなり、責任観念も失せてしまう。だから、責任をおっかぶせれば、女というものはエライもので、なんとかして、うまくやっていくのである。それに貯金帳も全部女房の名前にさせれば、貯金もどんどんやる。元来女は貯金好きなものだ。

いったい、女性が自分で金が自由になると、勝手気ままに浪費するようにいわれているが、事実はその反対で、物を買うより貯めるほうが面白くなるようである。そうして、また女というものは、いったん丹精して貯めた金は決して使うものではない。金なんて、女房に貯めさせて、女房にどっさり持たせておけば一番安全なものである。それをチビチビ渡すと、使わなければ損のように使ってしまう。これは、私の体験であるばかりでなく、諸君においても先刻御承知のことであろう。

要するに、家庭内のことはすべて夫妻相信じ合うのが第一で、亭主が細君を信ずるのはもちろんだが、ことに細君が良人を信ずべきは絶対である。細君に心から信じられれば、信ずることのできぬような良人でも、必ず信ずるに足るべく変化する。またそれが、貧乏その他の不幸を駆逐して幸福になる法でもある。

私はこういう方針で、いつも若い人々を指導しているが、一人も食うに困ったものも出なければ、夫婦別れしたものもない。みんな円満幸福な家庭生活に入っている。

厄介な「おつきあい」

家の中のことはマルクおさめる。それも右に述べたような相互の心遣いで必ずウマクいく。ところが、ここにすこぶる厄介なのは、家庭外の第三者を相手とした社交儀礼の問題である。内輪は内輪ですまされるが、「おつきあい」になるとそうは参りませんよという、いわゆる世間の御義理である。この御義理と申すのが、どうも文字通り義理に適っていないのだから、はなはだ困り物である。

今日の社会生活には、大敗戦を経てなお、訪問、接客、贈答といったことがなかなか煩雑で、これにはだれも相当頭を悩まされる。頭を悩ますばかりでない。金と時間の空費を余儀なくさせられている。

早い話が、社交生活の眼目は、相互の実意を通わせ合うにある。先方に愉快を感ぜしめ、迷惑をかけないことが第一であるはずだ。それなのに、実際には、むしろ反対な結果になるものが、きわめて多い。というのは、得てして、人間社会では儀礼が虚礼となり、ギリがムリとなり、ツキアイがツツキアイになってしまいやすいからである。

そこで、私どもの社交、私どもの流儀にも一工夫あってしかるべきわけ。一切はその精神を主にし、形式は従に、ときにはこれを無視して精神を生かすことにするのである。

世間の逆を行く贈物法

まず、その一例から申し上げると、先輩師友に対する訪問なども、私は年末年始寒暑のごとき形式的のものをなるべく避けて、年一回以上表敬の礼を尽くすにしても、かえって、平時に、しかも先方に便利な喜ばれそうな物が手に入った際、そのお福分けかたがた出掛けることにした。もっとも、病気や不幸のあった場合などまっさきに駈けつけて、できるだけのことを手伝うのはいうまでもない。

また自分や家人が出掛けないで、何か贈物をするときは、なるたけ質素な、目立たないような荷作り、包装にして、「何々地方より到来にまかせ、少々お福分け申し上げます」云々と書いてとどける。こうすれば先方ももらいよいし、また返礼の苦痛がない。いままでの世間一般のやり方は、この点はなはだおぞましいもので、同じ贈物をするにも、できるだけ目に立つよう、立派に見えるように仕立て、まるで先方へ、物を贈るというよりも、むしろ返礼の心配を強要するようで、はなはだ賛成致しかねた。

つぎに、よそから物を贈られた際のことであるが、私はただちに鄭重な礼状を出し、別にすぐ物をもって返礼することをしない。そのかわり、その人の厚意を感謝し、贈り物を大切に賞味し、また保存する。それが食料品であるような場合は、まず半分を家に残し、半分を他にお福分けする。そうして、家に残したものも、その半分を家人で翫味《がんみ》し、あとの半分を客人の接待に用いることにしている。

つまり、自分らで頂戴するのは全体の四分の一になるわけである。

いったい、物は多過ぎると得て粗末になりやすく、またその価値を減ずるのだから、たくさんもらったものをそれぞれに分福するのは、贈主の厚意に対しても、すこぶる好ましいことに考えられる。

ところで、サテその返礼についてであるが、私は、物をもってただちに物への返礼をいそがない。それはせっかくの厚意を突き返したような形になるばかりでなく、返礼の返礼を強い、相互に心配をし合って、ついにイタチゴッコに陥る。つまるところ、社交の本義を没却して、いたずらにこれを複雑煩瑣《はんさ》にしてしまうからである。

こんな場合、私は、ちょうど先方へ贈って喜ばれる物が有り合わさない限り、そうした物が自然に手に入るか、または何か、先方の参考になりそうな自著でもできる折まで、その返礼の機を待つことにしている。こうした不自然な作意や無理のない本当の好意の交換が、自他ともに幸福を増大するオツキアイだと信じておるのである。

ほんとうのもてなし方

つぎは他からの訪問を受ける場合である。

これには忙しいとき、都合のわるいときに、いつもよく不意の飛び込みがあって困るものだが、私はできるだけ、ハガキなり、電話なりで、前もって打ち合わせることを希望し、また自らも他人に対してこれを実行するようにしてきた。別に面会日といったものはこしらえなかったが、来訪者にはなるべく午前を望んだのである。

私は面会人がある場合、どこででもたいていつとめて会うことにしてきた。名刺が通ぜられると、そのまますぐに、たとえ自分がシャツ一枚で働いているときでも率直に出向いて、ただちに「御用の趣《おもむ》きは」と切り出し、その場でどしどし用を片付けることにしてきた。そうして、忙しいときには、初めから、ただいま用事中で長くは手を離せないが、せっかくですから何分間だけお目にかかりますと、ハッキリ断ったのである。不得要領な居留守などは一度も使ったことはない。居留守を使われる不愉快を知らぬでもないだけに、これだけは絶対にやらなかった。第一、おっておらないなんて、ひきょうなウソは私にはつけないのだ。

それから、家庭的な来訪者のために、茶菓や食事を供するのにも、お互いに決して無理や無駄をしないように心掛けてきた。

元来、客に対する御馳走は、ハセリ、ハシリという文字通りに、心から奉仕奔走することが一番大切で、なにも美々しく食膳をかざり立てるのが本意でないのだから、ムリをせず、ムダをせず、あるだけのもの、間に合うもので心からもてなせばよいのである。世間にはよく、お客の接待をお茶やお菓子に任せきったり、徳利や食膳に命じて事足れりとしている向きもあるが、なにもお客は喫茶や飲食が目的で来たのではないのだから、明るく気安いもてなしが一番肝腎であろう。

交情を長びかせる法

私の家の流儀では、とくに招待した場合のほか、臨時の客には決して特別の料理を取り寄せることをしないで、私どもの常用するものを出す。私の好物のうどん、そうめん、塩せんべい、果物、野菜の天ぷらなど、そのときどきにあるものを残りなく出す。最近では手製自慢のホルモン漬も必ず卓上に姿を現す。こういうやり方でもてなせば、いくら客がおしかけてきても困らない。困らないから、したがって、わるい顔色も出ない。客にもかえって気安く食卓に向かっていただけるわけである。

飛び入りの客で、頭数だけ物が揃わなければ、一つのものを半分ずつにしてもむつまじく食べ合う。お客も喜び、自分らもうれしく、家内中賑やかになる。すこし手前味噌ながら、こうした「私の流儀」には、客も教えられるところがあったといつも喜んで帰り、自分の家も同じ流儀を始める。そうして、次から次へと拡がって、社会生活改善の一助にもなっているようである。

もしこれに反して、ない金で無理をして御馳走すると、お客の来るたびに、困る困るといった顔色が出てしまう。どんなに隠してもお客に心の中をよまれてしまう。それが、主客お互いの気にかかる雲となって一座が白けてくる。どうもはればれとしなくなる。結局は、せっかくの珍味佳肴もはなはだしく有難味が失せることになるのである。これはただに、金と労力のムダになるばかりでなく、その客のところへ、今度こちらから行った際、義理にもムリな御馳走をさせなければならぬというような苦痛を与える。まったくもって馬鹿馬鹿しい、愚かな馳走法といわねばならない。

そこで私は、あればあるように、なければないように、あるがままの最善を尽くしてもてなすのが、かえって本当の御馳走になり、またお互いの交情を心から感謝し、長びかせるゆえんではあるまいかと考えているのである。

金をかけない結婚披露

つづいて、家庭生活、社交生活に関連してなかなかうるさいのは、いわゆる冠婚葬祭である。中でも結婚式というのが、こちらばかりでなく、対手の意向に難しいものもあって、さようバリバリと簡単には片付けられない難物である。しかし、私は子供や孫がたくさんあって、自然結婚の扱い件数というのも多かったが、いずれも私の流儀を押し通して、これまでの一般のやり方は一切用いなかった。

それは、今日の時勢において、どうすれば一番いいかを考え、一つの改善式方法を実行してきたのである。もちろん、結婚という事実はきわめて厳粛に取り扱わねばならぬ。したがって、結婚式もおごそかでなければならぬ。そこで、ごく親しい間柄のものだけ——だいたいにおいて、親子身内のものだけで神前結婚式を挙げた。けばけばしい結婚披露というものは、まったくしなかった。

世間ではよく結婚式に馬鹿馬鹿しいほどの大金をかけるが、それは結婚式の厳粛を期するためではなく、多くはどうでもいい結婚披露のハデを競うからの結果である。これさえ、身分相応に自制してかかれば、元来が、結婚式なんて、そう金のかかるものではない。だれの場合でも、安易にかつおごそかに執り行われ得ることなのだ。

これをもし、世間並みに派手な披露をしようとすれば、まず、相当な処で相当な御馳走をしなければならぬ。また招ばれたほうでも、御披露とあればただでは行けない。迷惑顔をかくして、しかるべきお祝品を持っていかねばならぬ。それに対してまたこちらから返礼をはずまねばならぬというわけで、二重、三重にも、金ばかりではない、心配と手数が大変なことになる。そこで、私は断然世間並みのうるさい披露はやめにした。その代りに、本多家独特の天ぷら会というのをやったのである。

私の家の天ぷら会

本多家の天ぷら会にはこんな由来がある。

私の学生時代、「幸手」の叔父に、上野広小路の「梅月」で天丼を御馳走になったが、生れて初めての珍物で、天下にこれくらいうまいものはまたとあるまいと驚嘆した。私は実はもう一杯食べたかったのであるが、叔父にこの上散財をかけてもわるいと考え、その日の日記に、

「ソノ価三銭五厘ナリ、願ハクバ時来ツテ天井二杯ヅツ食ベラレルヤウニナレカシ」

とひそかに書きつけたくらいだった。この天丼が病みつきで、その後、何かというと私は天丼会を開くことにし、自他ともに、その満々腹を享楽したのである。

たとえば一冊の著書ができ上がると、それを手伝ってくれた助手連を集めて天丼の御馳走をしたものだが、それがたび重なって、とうとう「本多の天ぷら会」として有名になってしまったのである。

そこで子供たちの結婚の披露も、みなこの天ぷら会の開催で間に合わせることにした。

すなわち、ただ、例によって天ぷら会を催すから来てくれという手紙を出す。みんないつもと変わらない顔付きでやってくる。その際に新夫婦を前へ突き出して「今度これが結婚したからどうぞよろしく」と頼み、また本人たちからもお願いさせる。これで万事相済みというわけだ。来客にお祝品の心配もさせなければ、こちらもただ頭を下げるだけでオー・ケーだ。

いったいに結婚披露などと大仰にふれ出すと、呼ばれた奥さん娘さんは、人によってはやれ裾模様がないの、紋附きがないの、やれ何をこしらえなければならぬのとんだ大騒ぎになる。そこで、何もかも一切、事があれば、天ぷら会一つですますようにすれば、呼ぶほうも呼ばれるほうも双方大助かりなのである。

不幸の際、不祝儀の場合、いずれもまたこの伝でいくのが私の流儀であるが、さらに私は、葬儀などで受け取った香典の「香典返し」は一切しないことにし、すべて故人名により、慈善団体、育英会、奨学資金等に寄附してしまった。

四、頭の使い方と足の使い方

手帳の大きなハタラキ

少年時代のこと、十五の暮れに上京する際、祖父の折原友右衛門は私にこういった。

「塙保己一《はなわほきいち》は盲目でありながら、六百冊からもある群書類従《ぐんしょるいじゅう》その他立派な本をこしらえた。目が見えるお前が保己一のように勉強すれば、保己一以上に本がいくらも書けるはずだ。うんと勉強しろよ」

この言葉は、私の頭にしみこみ、ぜひ大いに勉強して、本の書けるような偉い人になりたいと思いつづけた。そうして、その勉強のつもりで、上京以来、毎日就寝前に日記をしたためることにし、その日の出来事や所感、新知識を細々《こまごま》としるす習慣をまず身につけたのである。

そのために、私は学生時代から、常に手帳をフトコロからはなしたことがない。そうして、見たこと、聞いたこと、思い付いたこと、すべてを片っぱしから記け込んでいる。

人間の知識や考案等は小鳥のようなもので、目の前、頭の中に飛んできたとき、さ、っと捉えて籠の中《なか》に入れておかぬと、過ぎ去ったが最後、もはや自分のものとすることはなかなか難しい。そこで思い付いたその折々に、電車の中でも、夜着の裡でも、必ず要点だけでも書き留めておく必要がある。思うに、人生にはこうした断片的な知識の集積がきわめて大切なもので、名案妙策の多くも、こうした瞬間的な閃きから生れてくるのである。

さてその手帳の利用方法であるが、私は多年の経験上、のちに整理差し替えに便利なように、縦四寸九分、横二寸八分のルーズ・リーフ式のものを用いた。そうして、その枚数を左の八項目に分けて、常に二、三分の厚さに保ち、古いほう、いっぱいになった分から、適宜差し替えることにした。

1修養　**2残用**（仕残した仕事のメモ）　**3カレンダー**（だいたい半年分くらいの用意をし、日付の下に予定事項のメモを記入、毎朝必ずこれを一見する）　**4当用**（用事を気付くごとに記入し、それがすめばその行を消しておき、就寝前には消さない行をなくしてしまう、それが一日でできぬ大問題の場合は、忘れずに前の残用欄にうつしておく）　**5日記**　**6資料**（一切の見聞読書メモを類別して記入、のちにその重要部分を転記保存する）　**7会計**（一切の収支をその都度記入し、月末に計算原簿にうつす）　**8宿所録**（これは別にカード式のアドレス・ブックがあるから、それに登録するまでのメモである）

なお、こうした分類記帳法は、その後繁忙の度がうすらぐにつれ、小型の日記帳——銀行会社などから歳暮に配布するもの——に改め、常時懐中にして記入を怠らず、毎夜就寝前さらに卓上日記に詳記し直すことにしている。

グラッドストンのような大人物でも、不意にくる一分時を空費しないために、常に小冊子を懐中に忘れなかったというが、われわれはさらにより以上の勉強を志さねばならぬ。それにはこの手帳常備は、このうえない勉強の手助けになる。私の過去における三百七十余種の著述も、幾千回に及ぶ演説講演の資料も、実はみなこの小さな手帳から生れてきたものといっても差し支えない。

新聞雑誌の読み方

次に、毎日の新聞雑誌の読み方について申し添えると、私はいつも赤鉛筆を片手にして、手帳や日記に書き抜くべき部分には――印を、切り抜きを要する部分には「　」印をつけ、それぞれその日の中に処置をつける。新聞でも雑誌でも、新たな統計表、法令、税率、その他生活に必要な新知識で、簡単に抜き書きできないものは、むしろ、それをいちいち切り抜いておくほうがよいようだ。ただし、そのスクラップ・ブックには、必ず新聞名、雑誌名と共に年月日を書き込んでおくことを忘れてはならない。

またバック・ナンバーを揃える雑誌や報告書などについては、自分に必要だと思われる記事の総索引をこしらえておくとすこぶる便利である。

いずれにしても、人間の記憶には限度があり、何から何までそれに頼り切ることはできない。小さな手帳も、こくめいに絶えず働かし、活用していけば、一生の中どれだけの利益になるか、はかり知られないものがある。

エキス勉強法と行読法

つづいて、私の実行してきた、学生時代からの読書法、勉強法を御紹介しよう。もっとも、これは私の独自な環境によって生れ出たもので、諸君にもあるいはよりよき方法が発見採用されているかも知れぬから、単にそれと比較研究を願うだけで結構である。何もこれでなければならぬと、押しつけがましく披露するわけではない。

ところで、私のやってきたもので、最も効果的であったものの一つに、自称「行読法」というのがある。

十九歳で東京山林学校の生徒になり、いままでの百姓をやめて机にかじりついてばかりいたせいか、たちまち、胃病と眼病になって困り抜いた。そこで思いついたのが、エキス勉強法に加うるこの行読法の実行であった。

それはまず、その日に学んだ講義筆記や参考書を一心不乱に熟読し、ぜひ覚えなければならぬ重要なところに、鉛筆でしるしをつけておき、一章読みおわるごとに、その要点、とくに定義や方程式、数字などを別の紙に記入してゆく。すると、だいたい百枚ばかりの筆記が、結局は二―三頁に圧縮することができる。つまり学課目のエキス抽出である。これをフトコロに入れて、毎夕または早朝一―二時間ずつ外出する。なるべく通行者の少ない田圃や山道を歩く。そうして歩きながらそれを頭に入れていくのである。

歩行しつつ読む法――すなわち「行読法」である。

頭に入れる順序や、難しいところは、いちいちエキス・ノートをのぞく、そうでないところは、暗記のまま頭の中で繰り返す。あやしくなったらすぐノートをみる。これは机の上ではどうもうまくいかぬが、歩きながらだと不思議にうまくいく。こうして、その日に学んだことは、スッカリその日のうち、もしくは翌朝までには自分のものとしておく。だから、その日の新しい学課も、しぼり切った海綿のように、よく吸収できたわけである。

ただ「行読法」でちょっと困ったことは、ときどき牛の尻ッ尾に失敬をいったり、水溜りに踏み込んでボロ服をいよいよ汚すことであった。今日みたいに自転車や自動車がなかったから、もちろん、生命を危険にさらすようなこともなかった。こうして、学期の終わりになっても、各学科ともたいてい数枚のエキス・ノートを残すだけであったので、試験になったからといって、みなのように頭痛鉢巻で大騒ぎをする必要は少しもなかった。試験の日割が発表されても、いつものようにエキス・ノートを携えて行読に出掛けさえすればよかった。いずれも二—三時間くらいで、一—二科目くらいは完全に復習ができ、少なくともその要点だけはみな覚え込まれたから、試験場へのぞんでもいつも綽々《しゃくしゃく》たる心の余裕があった。答案はみな、まるで醤油エキスに水を加えて醤油をつくるように、大切な要点を間違いなく掴んで、それに常識を加え、縦横無尽に、かきたて、のべたてたので、講義筆記や参考書をマル暗記したものより、個性も発揮でき、応用も十分で、かえって好成績が得られたのである。

後年のことになるが、こうして、私が日独両大学の学生時代に作り上げた林学のエキス・ノートは、秩序立てて整理したところ、はからずも立派な一著述にさえすることができた。四十数版を重ねて、いまに行われている『森林家必携』がすなわちこれである。

およそ、一切の努力には、精神と筋肉との併用を要する。精神に偏すれば病弱となり、筋肉に偏すれば魯鈍となる。ところが、この「行読法」は、頭と体とを一緒に、適度に使うことになるので、健康上からみてもはなはだよろしい。

元来、この「行読法」は、駒場の大学寄宿舎辺が未開だった時代に編み出した私の流儀であって、繁華になったいまどきにはちょっと実行困難かも知れない。しかし、早朝とか夜分――エキス・ノートを見るのに不便ではあるが――なれば、どこでもやってやれないことはないと思う。

事実、私はドイツの大学にはいってからも公園や河堤の上をさかんに行読したが、人通りが多過ぎて思うようにできなかった。そこで、やむを得ず、夜おそく、十一時から一―二時までずっと夜間行読をやった。ときどき外灯の明りで書き抜きを見るくらいで、主として頭の中で歩きながら復習することにした。とくに寒気のきびしいドイツの雪中行読は、一種の悲壮感さえ伴い、身も心も緊張してすこぶる効果的であった。

次に大学教授になってからは、東京郊外には行読をやる場所も時間もなくなったので、屋外行読が屋内行読にかわった。すなわち、十八畳ほどあった勉強室をグルグル歩きながら思索し、案が成り、想がまとまるとすぐ机に向かってペンをとった。またそれが終わると行思にうつるといった按配。おかげで洋室内の敷物は、歩くところだけ擦り切れて条がつき、友人達はこれを「本多家の林道」とひやかすまでになった。

野外行思法と書抜き

大学をやめて少し閑《ひま》になってからは、室内行思法は再び野外行思法に発展した。毎晩七時半のニュースをきくと、すぐそのまま出掛けて、散歩しながらいろいろと思索し、帰宅してから必ずそれを記録することにした。六十過ぎから七十七まで、在京生活中、必ず毎晩二時間の散歩に出掛けたのは、すなわち、この行思法の実行であったのである。

二時間の行思で約二里の散策、しかも晴雨にかかわらずであったから、老来の健康法にもまた、大いに役立ったようだ。

それから、教授時代からの読書には、常に赤鉛筆を手離さず、重要な箇処に朱線または朱印をつけ、読みおわるごとにそれを別紙に書き抜く読書法をとった。それはちょうど二度読みかえす以上にもよく理解され、記憶に残って、その書き抜きは後日の講義や著述の好資料ともなった。また新聞雑誌のように、一読後廃棄するものは、読みながら切り抜くところへ印をつけ、私自身、あるいは家内や助手に切り抜かせて

「スクラップ・ブック」をこしらえた。

つづいて、専門外の雑書や新刊書は、老来とうてい精読の時間も必要もないので、まず目次をみて、興味と必要を感じたところだけを拾い読みにする。とくに近頃の研究書には、たいてい巻末に摘要書きがあるので、まずそれを一覧して、わからない点だけ本文を読むことにしている。もっとも、重要な箇処を書き抜き、また切り抜くのは、いまもって従来通りである。

七十を過ぎた頃、一時記憶力が衰え、いよいよ書き抜きや切り抜きの必要がましてきたようであったが、その後肉や卵類を廃して、ホルモン漬（前出）愛用の結果からか、再び頭脳も若返り、記憶力を増進したため、八十五を越えた今日でも、再びドイツ留学時代ないし三十代の学究的態度に復活、さらに耄碌防止の意味で、新しく英会話の勉強までを加えたので、いよいよ毎日が面白く、毎日が忙しくてならぬようになっている。

老衰をふせぐ徒歩主義

つぎに、私の健康法、生活法として逸《いっ》することのできないのは、子供の頃から終始一貫してかわることのない徒歩主義であろう。

若い頃から歩くことの好きであった私は、八十六になったいまもって、できるだけテクテク歩くようにつとめている。

日曜日の三食を食《く》い出《だ》すため、七日目ごとに、王子から四谷まで、往復七里の道をテクテク歩いたのは、前にも述べた苦学生時代の一種のアルバイトであるが、その後ドイツ留学時代も、忙しい教職についてからも、いよいよ盛んに歩き回ったものだった。駒場の奥から、深川や日本橋の渋沢さん（郷党の先輩）を訪ねるにも、いつもテクテク歩いたし、早稲田大学への出講《しゅっこう》にも、決して俥《くるま》などは使わなかった。ちょっとした気散《きさん》じにしても、渋谷、赤坂、日比谷、銀座と長丁場《ながちょうば》をのし、好きな天ぷらで一杯やりながら、またテクテクで戻った。当時は、電車に乗ろうにもその電車はなかった時代である。さらに、職掌《しょくしょう》からの山林調査の山歩き、これはもういうまでもない。

つづいて、中年期はもとより、老年期に入っても、一日に必ず二時間以上は歩いた。昼間少々歩き足りないと思った日は夕食後必ず散歩に出た。それもたいてい二里以上はつとめて歩くようにしたのである。短時間睡眠で、時間のほうは十分稼ぎ出してあるので、それだけの余裕《よゆう》はいつでもあった。

私の散歩は、いつもどこという目当てなしに出掛ける。大きなステッキを振り振り——さよう、これを突くということはなかったようだ——尻《しり》ひっからげて、学生時代に覚えた歌なんかどなりながら歩いた。知らぬ人がみると、どこの気狂いかと思ったかも知れぬ。

こんな場合、渋谷に住んでいた際は、つい近くに環状道路や放射道路の立派なのができていて、いくら威張って歩いても人車にぶつかる心配がなくてしごくよかった。少しぐらいの雨の日にも、雨傘とステッキという珍妙な両刀使いで出掛けたりした。

ところで、この徒歩主義のテキ面の効果は、つもり貯金の対象となる俥代、バス代、電車賃の節約であったが、なんといっても一番の収穫は健康上の利益である。私の今日の人並みすぐれた頑健《がんけん》も、実に、半ばはこの足の鍛錬《たんれん》からきているものとみてよろしかろう。

ことにその日その日の大きな有難味は、よく歩くということが、取りも直さず、よく眠れるということでもあった。要するに、よく歩くことと、よく眠ることとは、健康長寿――老衰予防の一番手近な秘訣のようである。

話は前にもどるが、八十六にもなった当節、私はまだまだ昔通りに歩けもし、また歩いてもいる。伊東の山奥（市内から半里の山の手、鎌田区歓光荘）に住みついて、伊東の街に出るにも、バスなどはめったに使用したことがない。上《のぼ》り下《くだ》りにもみな徒歩だ。日によっては二回も往復することさえある。これをみて、中には、本多もいい齢《とし》をしていまだにテクテクやっている。気の毒なものだ、なんとかしてクルマぐらいに乗れんものかと、憫《あわれ》んでくれる人もあるらしいが、本人の私は、まだまだそんなものの厄介にならずに出歩かれるということがうれしく、反対に、六七十の若盛り（?）に、もう自分の足で思うまま出歩けぬ連中を、気の毒なものだと、憫む気持ちのほうがはるかにつよい。

しかし、なんといっても、八十六といえば私も老齢《ろうれい》の部であろう。そろそろ足に任せ、気に任せて、自分勝手に出歩いていては、はたのものがなかなかにうるさくなってきた。よけいな心配をするなといいたいところだが、客観的情勢でそうもならない。そこで私は、そうした人々に心配をかけないために、且つは、自分としても最後の日まで働き抜き、学び抜き、自由に、自分の足で出歩きたいために、一策を案じて実行にうつすことにした。

それは、常に携えて歩く懐中手帳の第一頁に、「本多静六、何々居住、死体としての私を発見された方は、御手数ながら上記宅まで御知らせください。遠距離にて時日を要する場合には、ただちに灰にして木の肥料となし、手帳と所持品だけを宅にとどけて頂きたい。それに要した費用一切は右において支弁いたします——云々」といった文句を大書したのであって、その旨を親戚各方面へも知らせておいた。これならもう、どんなことになっても大丈夫だ。矢でも鉄砲でも来いというわけである。そこで、このところ大いに気強く、気楽になって、なんの気兼ねもなしにほうぼう飛び回れるというものである。

私の旅行と旅行法

歩く話の次は旅行の話である。

世に旅行ほど愉快なことはない。私にとっては幸福そのものにすら感じられる。私は海外に遊ぶこと十九回、北はシベリアの果てから、南は濠州、人間の住む最南端トリスタン・ド・ダクニア島等まで、アルプスやロッキーはもちろん、南米のアンデスをも踏破し、アフリカにも二回出掛けた。日本内地は全く知らぬ処がない。明治二十九年、新高山《にいたかやま》（台湾の玉山《ぎょくさん》）へも日本人として一番槍の登山をしたのが、いまもっての自慢だ。私はひそかに日本一の大旅行者と自任している。したがって、また日本一の幸福者でもあると考えている。

私の旅行は初めは職業で、のちには道楽となった。目的もいろいろに変わり、その都度の旅行形式も異なった。しかし、私の旅行の流儀はいつも同じである。それは、できるだけ身軽気軽に出掛けることと、もう一つは、あくまでも健康に注意を怠らぬことであった。

まず健康のことであるが、これには身体の健康と財布の健康という二面がある。この二つに抜かりなく気をくばるのが、すなわち、旅行を有益かつ愉快ならしめる最大の秘訣である。できるだけ身軽にするというのも、つまりはその目的にそうための手段でもある。私はいつもたいてい、きたないリュック・サック一つ、着のみ着のままで、必要品はときに応じ、出先出先で求める。戦争中の不便な時代や、前人未踏の登山隊でない限り、まずまず普通の旅行には引っ越し騒ぎは無用である。また出先出先で必要品を求めるということは、旅の思い出にもなってなかなかいいものである。

その代り、金は十二分に用意する。もっともこれには盗難遺失に対する注意を怠ってはならぬ。相当の工夫を必要とする。いずれにしても旅行の快適には、大トランクよりも小財布のほうが大切なようである。「行きの大名、帰りの乞食」なぞは禁物だ。

身軽に出で立てば、ちょっとした内地旅行なら三等でたくさん、赤帽などにも荷物を持たせることはない。しかし大旅行ことに海外に出る場合などは別だ。鶏口《けいこう》となるも牛後《ぎゅうご》となるなかれで、ホテルも乗り物も最高級のものを求め、日本人としてできる限りの大威張りで押し通してきた。文部省留学生の手当が年に千円、二千円というようなときに、一旅行で何万円（私費）も使ってきたことさえある。これら豪華旅行の思い出は、いまに楽しく私の心をふくらませるものがある。

チャンスを掴む用意

さらにもう一つ、私の旅行には私独特の流儀があった。それは世界各地を回り歩いた際、常にバンドやステッキに尺度の目盛りをつけておいて、行く先到る処で、珍しいものか、新しいものに出食わすと、交通機関、公園設備、都市計画、はては坐り心地のいいホテルの椅子の高さなどまで、なんでもござれ、片ッ端から、物指《ものさ》しならぬ物指しで寸法をとり、立ち入ったところまで調べるようにしてきた。もちろん、それはすぐ手帳に記録しておくのだから忘れることはない。しかも、物指しや巻尺をさがし出すという手間隙《てまひま》がかからぬのであるから、なんでも気安くすぐノートを取っておくことができたのである。

そのために、のちに日本へ帰っても、どこそこのなんという設備は、どういうふうで、何尺何寸（何メートル何センチ）とすぐ持ち出すことができ、登山鉄道やホテルの観光設備、または各方面の都市計画や工場設置にクチバシをいれても、案内書や仕様書きには出ていないタネをもっているので、いつもかならず、チャンチャンとすぐ役に立つ意見が述べられたのである。それがみな、だれにも答えられぬことばかりだったので、本人すこぶる愉快を感じた。

こうした私の旅行副産物を、一番よく利用し、この価値をみとめてくれたのは、東京市長または復興院総裁としての後藤新平氏、財界世話係としての渋沢栄一氏などであった。

これなども、一つの旅行を単なる行楽や漠然たる見聞にのみ終わらせないで、いかなる場合も、それから本当に生きた知識を吸収するチャンスを掴む——私の用意、私の流儀だったのである。

五、ぐっすり眠り忙しく働く法

短時間の睡眠主義

日常生活のいろいろについて述べつづけてきたら、お前の健康法にはどんな秘訣があるか、お前の老来《ろうらい》いよいよ元気なのはなんに拠るのかと、読者諸君からの質問がたくさんやってきた。かずかずあるその質問の中で、私の睡眠法についてたずねられたものが意外に多かった。そこで、今回は私の眠り方からお話を始めよう。

私は昔から、睡眠時間をあまり多くとらない主義だ。元気に任せた学生時代はほとんど三時間くらいしか眠らなかった。これは糞勉強《くそべんきょう》のために時間を惜しんだためであるが、変則な進学と生来の鈍才であった私は、これまでにしなければ他の学生についていけなかったのである。さらにまた、ついていけるところまで来ると、今度は、多少頭角《とうかく》を現そうという欲が出てきて、どうしてもこれくらいの糞勉強が必要だったのである。

こうした習《なら》いがついに性《せい》となって、その後も、夜は四時間、昼間に少しずつの眠りを寄せて、一時間、都合合わせて正味五時間の睡眠で糞勉強を押しとおした。それでは身体《からだ》がもつまいとよく注意されたが、慣《な》れるとよくしたもので、それ以上寝ていようと思っても寝ていられなくなった。

元来、われわれ凡人が、他の天才者についてすすんでゆくのには、なんとしても、勉強時間、働く時間を引きのばして努力を積んでゆくよりほかはないのである。それにはまた、眠る時間をつめるよりほかに手はないのだ。私の短時間睡眠主義はここから出発してきたのである。

いったい、睡眠の度というものは、眠る深さと長さを掛け合わせたものであるから、普通の人が二尺の深さで八時間眠ると、二八の十六という量であるが、私は熟眠を心掛けて、五時間四尺の深さで眠ることにしたから、四五の二十で、普通の人より四だけなおよけい眠る勘定になった。しかも勉強時間は、人よりも数時間多くなる。まさに一挙両得《いっきょりょうとく》の睡眠法というわけであった。

眠りを深くするには

ところで、二尺の眠りを四尺の眠りにもってゆく——すなわち、普通人より深く眠る法であるが、それにはまず、頭と体とを適度に（あるいは十分に）働かせなければならぬ。私の徒歩運動は、頭を使うことの多い職業上の偏《かたよ》りをよく防いだもので、毎日の徒歩主義は、また毎晩の熟睡主義とも一致したのである。

私はいつでも、眠くならなければ眠ろうとしない。十分に疲れるまで、眠くなるまで働きつづけて、その上、全く安心——何もかもカミサマに返上した気持ちになって、毎日毎夜、横になるのである。そうすると、雑念《ざつねん》も妄想《もうそう》もなく、床に入るとすぐグッスリ深い眠りに入れるのである。

しかし、たまには、いろいろとものを考えつづけて眠りつけないこともある。そんな場合は「おや、まだ眠る時間じゃないのだな」と思って、枕元の手帳を引きよせ、思い浮かぶことをあれこれと書きつける。つまり勉強の床上延長である。それがながくなっても、「いやまだ眠らなくてもいいんだ」と頑張る。頑張って頑張りつづけているうちに、いつしか本当に眠くなって眠るのであるから、これまたやはり熟睡ということになる。

よく人は不眠症になって困るというが、それは眠れないのをムリに眠ろうとするからで、眠れなかったら、それだけ儲けたつもりで、勉強に頑張れば、自然に生理的な熟睡がとりもどせる。すでに、自然な、生理的熟睡であるからには、四時間もすれば自然にこころよく目が覚める。覚めたところでウジウジしないで、思い切ってパッと飛び起きることだ。

こんなぐあいで、熟睡が活動の基《もと》となり、活動がまた熟睡の因となって、善循環《ぜんじゅんかん》がどこまでもつづく。これがもし反対になってしまうと、熟睡できぬからなまける、なまけるから熟睡できぬというわけで、悪循環《あくじゅんかん》がどこまでもつづく。そうなったら、この善悪の転換がなかなか困難である。不眠症はいよいよ不眠症に陥り、なまけ者はますますなまけ者になる。

そんな場合は、何か思い切った心機一転法を講ずることだ。旅行でもよい、スポーツでもよい、家中《うちじゅう》を引っくり返した大掃除でもいい、ひとふんばりして、満身の惰《だ》気《き》一掃をこころみることである。

いずれにしても、よく眠り、深く眠るためには、いたずらに時間の多きを要しない。前述のような訳合いで、私はいつも短時間の就寝で十分事足《ことた》りてきたのである。熟睡の秘訣といったところで、すこぶる簡単な話である。

上手なヒルネの仕方

それからまた、日中における眠りであるが、職務上に差し支えない限り、あるいはそのことが可能である限り、疲れを感じ、眠りにさそわれたら、その場で十分でも十五分でも眠るがよい。私は大学などでも、三時間の講義をおえると、つぎの合間《あいま》までたいていひと眠りすることにしていた。しかし、昼間の不定期な眠りは、しばしば人に妨げられるので、近年は中食と夕食後に各十五分くらいないし三十分ずつ、習慣的に眠ることにした。それは床の上でも、椅子の上でも、草原でも、どこでも眠る。人はよく十五分とか三十分とか、あらかじめ時間を決めておいては寝込まれないというけれど、それも馴れるとなんでもない。眠れるのも、眠れないのも、要するに心理学上の自己暗示に過ぎず、何分眠れば必ず覚めるのだと確信してかかれば、その通り眠れ、その通りに起きることができる。

この場合、なんとしても心を快活に、自由に、あっさり持つことが必要であろう。もとより、睡眠の時間は、その人の体質と境遇で一定できないが、要するに疲れれば休む、眠くなれば眠る、その代り眠るとなれば深く眠り、十分に寝て、自然に覚めたらすぐ起きることだ。うとうとと浅く永く寝たり、床の中で目を覚ましてぐずぐずしていたりするのは愚《ぐ》の骨頂《こっちょう》、ナマケモノの悪癖《あくへき》というべきであろう。

またヒルネなども、端目《はため》にはちょっとだらしがないようで、昔からあまり感心されていなかったのであるが、規則正しい健康的なヒルネは推奨《すいしょう》さるべきものであって、活動的な欧米人の間にも、この習慣がひろく行われているのである。この意味において、汽車や電車の中でも、下手な読書よりは上手な居眠りのほうがはるかに有益なものともいえる。

いったい、昼寝などというと、論語でも孔子が、宰予《さいよ》の昼寝を戒めて「朽木《きゅうぼく》は雕《ほ》るべからず、糞土《ふんど》の牆《しょう》は杇《ぬ》るべからず」とその弟子を叱っている。しかし、何かのひと休みに、まず一服と煙草の輪をふかすのと、その短い時間に要領よくひと眠りするのとどれだけの違いがあるであろう。同じ休養ならば、最も効果的な睡眠のほうがはるかにいいように思える。少しも差し支えがないばかりでなく、大いに奨励してよろしいのだ。欧米人の活動家中に、多くこの昼寝の習慣をもっているのをみかけるのも、合理主義にかなっている。

前に述べた睡眠の深さという点から考えてみると、昼寝こそムダ寝より大いに利益がある。睡眠の深さはたいていの場合、いわゆる「寝入りばな」といって、最初にグッと深く、それからだんだん浅くなってくるものだ。心理学者の研究によると、全睡眠時間の後《あと》四分の三よりも、初めの四分の一のほうがはるかに休養の目的を達するものだそうな。その点からみて、いたずらに尻《し》ッぽを長く引いた長時間の睡眠や朝寝はつまらぬわけであって、できるだけその尻《し》ッぽのほうを切り取り、昼間の都合のいい時間に、ちょっとでも初めから出なおしたほうがいいわけである。すなわち、朝の一時間よりはヒルネの十五分間のほうが睡眠効果があることになる。要するにヒルネは、この睡眠の最も深い谷を一日のうちにいくつもこしらえることで、忙しい人、時間を無駄にしない人には非常に大切なものなのである。

毎日を忙しくする工夫

それからもう一つ、よく食えてよく眠れるためには、毎日をできるだけ忙しくする工夫が大切である。それには、自分でやれることはなんでも自分でやるようにするがいいだろう。

私は大学に勤めていたときも、帝国森林会に日勤していたときも、共に必ず定刻より早目に出掛けた。そうして、自分の部屋を自分で掃除もし、雑巾がけもやった。とくに森林会では、どのような来訪者にも職員がただちに応接し、会長自らもどんどん出ていって話を片付けることにしていた。そのため給仕小使等の必要すらもないほどであった。要するになんでも自分のことは自分で済ます、これが私の事務所における一切の流儀であったばかりでなく、家庭においても日常の生活態度であって、玄関番、掃除、薪割《まきわ》り、なんでもござれで引き受けてきた。忙しいというほど体の薬になるものはない。

書くこと、しゃべること、働く（百姓仕事）こと、それに水源林の視察、演習林の指導、講演行脚と、いまもって私もなかなか忙しい。しかも、忙しければ忙しいほどますます愉快だ。

この間も東京大学の南原総長の招待があって、満七十五以上の名誉教授が集ったところ、最年長者田中館愛橘《たなかだてあいきつ》博士（九十六）に代って、——私がその次位——長講一席の挨拶をこころみたが、その際にも最も痛感したことは、大学を離れてなお、研究に、経営に、社会事業に忙しく働きつづけているものが、同じ老教授の仲間でも、暦年の齢《とし》を超越《ちょうえつ》して、みな元気で、若やいでいることであった。つまり、仕事が人を年寄らせない。忙しさが人を若返らせる。——そのことについてであった。私もここで、われとわが身を大いに顧《かえり》みさせられたわけである。

働学併進の生活

そこで、話は本論に立ち戻って、健康に関する「私の暮らし方・考え方」であるが、これを繰り返しいえば、衣・食・住については粗衣粗食の簡便主義、あとは何事にも明るい方面ばかりをみて、くだらぬ心配をせぬことだ。いかに金ができようと、いかに生活が楽になろうと、楽隠居などとはもってのほかで、息の根がとまらぬうちは、どんなことがあろうと、なんでもいい、うんと働き抜くことだ。

人間は老衰《ろうすい》するから働けぬのではなくて、働かぬから老衰するのである。耄碌《もうろく》なんていうものも、働きをやめてとくに志願しさえしなければ、決して向うから押し強くやってきたりするものではない。

ただし、うんと働き抜くといっても、その働きには法がある。無理は一切禁物のこと。みなそれぞれ分《ぶん》に応じての考慮が払われなければならぬ。体ばかり働かせても駄目、頭だけ働かせても駄目、そこは私のいう働学（労働と学問）併進で、両方を適度にまぜ合わせなければいけない。体ばかり働かせていたのでは頭が先に参り、また、頭ばかり働かせていては体が先に参る。人間の健康長寿には、この両全が最も大切なのである。

老衰にはだいたい二種類あって、頭のほうから年をとる人と、足のほうから年をとる人とがある。どちらのほうから年をとっても、結局、年をとるという結果においては同じである。そこで、その両方を年とらないように心掛けておりさえすれば、だれでも、いつまでも元気に働きつづけられるわけである。

戦中戦後を通じて、いまや時勢は急変した。過去において積み成されたところの一切の地位、名誉、財産といったものはなんのたしにもならなくなった。いかなる身分の者、いかなる老人といえども、否応《いやおう》なしに、働かねば食ってゆけない時代となった。これに対していまさらグチを並べてみても始まらないし、文句をいってみても追っ付かない。

働かざるものは食うべからず、食わんとするものは働くべし。道理も道理、これこそ、なかなか結構な世の中ではないか。ことに老人にとっては、平素ならばとうに老い込んでしまうところを、老い込んでいては生きてゆかれず、生きてゆくためには働きつづけなければならぬというわけであるから、これこそ老衰防止、若返りの絶好の機会である。

最近新しく「老人の日」というのが制定された。はなはだ結構なことである。私はその第一日にＮＨＫの放送を行い、老人の生き方・暮らし方を説いて、この「働学併進」の強調をこころみたが、「老人の日」というも単なる敬老慰老の日に終わらせては意義がない。私はこれをぜひ、老人奮起の日、老人若返りの日として、どこまでも積極的な意味をもたせたいと考えるものだ。

逝く水のごとくに

私はかつて、「如水生《じょすいせい》」という筆名《ペンネーム》を用いたことがある。それは、流水のごとく自由に、さらさらと、世に処し、生を送りたいと願ったからだ。

水のごとくといっても、水の姿にはいろいろとあり、怒濤逆捲く荒海の姿もあれば、洋々と流れる大河、潺々《せんせん》と楽し気に走る小川の姿もある。しかも私の、自らあらまほしく考えたのはその徳と力とである。中でも私は、水は淡々として方円の器に従うというところが気に入った。すなわち、いかなる境遇にも自ら適応し、安住する。かつ澄み、かつ濁り、しかもいつかは、自ら貫くべきものを貫いていく。自分もぜひそうなりたいと念じたのである。

したがって、水を見ならった私は、何事にも一切悲観しない。常住坐臥、すべてを「有難い有難い」で過ごすことにつとめている。

毎朝目が覚めれば、まずきょうも生きておったなと感謝するのである。忙しければ忙しいほど、自分がよけいに働けることを感謝するのである。そうしてまた、もしちょっとした病気にでもなれば、天が休息の機会を与えてくれたものと解釈して、しずかにその天意に従うのである。

これが、私の暮らし方・考え方の根本義なのである。底抜けの楽天とわらうなかれ。世の中のこと、それかといって、底抜けの悲観ばかりでも始まらないではないか。われわれ凡人に、聖者のいわゆる中庸を選び、中道を行くことが難しいとすれば、むしろすべてを楽観主義で押し通していきたい。

これが家庭においても、社会においても、お互い常に快活と明朗を保ち合う暮らし方となり、またお互いに楽しく、健康にして長寿たり得る生き方のもとともなろうかと考える。

現在における「私の一日」

最後に、八十六になった私の、今日の日常生活を御報告しておくと、朝はたいてい五時半に起きる。必ず六時のラジオ英語をききおえて朝食にする。

私はドイツへ留学したので、ドイツ語なら相当なものであるが、不幸にして英語は、いままで落ちついて習う機会がなかった。そこで、六十の手習いどころか、八十の中学生で、数年前から、新しく英語の独習を思い立った。ラジオはその私の先生なのである。

さて朝食後は三十分間の食休み、ついで書斎に入って読書または執筆を始める。そうして、十—十一時頃に到着の郵便を開いて、ただちに返事を要するものには返事をしたためる。決して明日には持ち越さない。十二時にはニュースをききながら中食を始める。好天気には十二時半か一時から畑に出て百姓仕事に精を出す。一年中を通じて畑仕事は相当に忙しい。また散歩を兼ねた使いに出歩く。四時にはだいたいこれを終わって入浴または手足を拭き清める。

五時にはニュースをききながらの夕食だ。あとは一時間椅子か寝床でゆっくり休息する。六時はまた英語会話で中学生に若返る。さらにつづいて、夜はずっと執筆時間にあてるのであるが、昼間は来客などで邪魔が入るので、この夜間が文字通りの書き入れどきになる。しばしば興に乗じて深夜の一―二時に及ぶこともある。しかし、この頃はもうつとめて無理はしないようにしている。

早晨希望にめざめ、深夜感謝に眠ることとは、昔からの私の理想であるが、まだまだ、毎日が必ずそうばかりいくとは限らない。そこに私の自己反省があり、いっそうフンパツと努力が求められる。年老いてなお、私には、学生時代の向上心と努力精進の意欲とが、多分に残されている。これは、どうしても死ぬまでつづかせねばならぬことである。

私の講演行脚

なお、マル八年間ほとんど伊東の歓光荘を出でなかった私は、自分の健康もよく、一般の交通状態も改まったので、昭和二十四年（八十四歳）の四月一日から、思い切って講演行脚に出ることを発表した。

ところが、たちまち各方面からの申込み殺到で面食らってしまった。その四月一ヵ月で、講演三十七回、訪客来談者が朝早くから深更にも及び、睡眠不足と疲労のために、さすがの私もヘコたれて、血圧が急に百四十から百七十台まで飛び上がった。家族のものは大あわてで、いずれも大反対をとなえ出し、娘などは泣いてその中止を迫ったぐらいである。しかし私は、いったん発表した以上はどんな反対があってもやめられぬと頑張り、とうとう次のような行脚条件の下に妥協を成立させた。すなわち、平素はきびしい耐乏生活を自らすすんでやっているので、せめて講演に出掛けるときだけでも、老人らしい心使いとわがままを通すようにとせめられ、私としては飛び切りゼイタクな旅行約款《やっかん》を取り結んでしまったのである。

1、伊東市以外は、気候のよいときだけに限り、かつ隔日休養の遊覧旅行となすこと。

2、出発から帰宅まで必ずしっかりした同伴者を連れ、自身はいっさい荷物や金を持たず、ただ杖だけ持つこと。

3、旅行中は芋粥・ホルモン漬の簡易食を中止し、いたるところで名物の御馳走になること。ただし、なるべくソバ・ウドンその他麺類の主食に願いたきこと。

4、朝食前と夜十一時過ぎの来客は謝絶し、毎日一時間以上昼寝励行、昼夜共、湯タンポその他で決して脚部を冷さぬこと。

5、一日に二回以上、並びに一度に引きつづき三十分以上講話せぬこと。すなわち演説の間に二―三分ずつ、他に代読させた上につづけること、いずれにしても一日の講話を三時間以上にわたらぬこと。

とにかく、こういうやかましい制約で、私は私の講演行脚をゆるしてもらっているが、その後も機会あるごとに絶えず各方面へ出掛けておる。そうして、講演行脚はいわば私のレクリエーションで、行く先々、酒も、肴も、肉も、卵も、歌も、踊りも、またしゃべること、書くこと、万事そのときどきの心の欲するままに遠慮えしゃくなく「実行」している。ただそれにも、八分目という控え目は決して忘れない。そのために、ノンキな旅行が、いよいよノンキな気分を掻き立ててか、二―三時間ぐらいの講話にも、なんら疲労を感ぜず、かえってそのたびごとに、大変な若返りを感ずるようにさえなっている。

人間も忙しく、そして面白いと、年を取るのも忘れてしまうようだ。

六、金の話・人の話――ある日の放談――

八十五にして矩《のり》を踰《こ》えず

（「さあどうぞ」といわれて、用意された電熱行火に入る）

ウワアハハハ、こりぁ有難い、極楽極楽、これなら何時間でもしゃべれる。――御元気な先生でも、寒さにはかないませんか――というのかね。当たり前じゃよ。寒いときにはあたたかく、暑いときには涼しく、これがムリのない人間の生き方というもんじゃ。ことに、老人にはムリはいけない。ヤセ我慢は禁物だ。健康長寿の秘訣もまたこんなところにあるのだ。

わしは平凡人で、とても孔子様なぞにはかなわない。そこで、凡人と孔子のへ、だ、た、り、を十年にとって、八十になった際、「八十にして心の欲する所に従って矩《のり》を踰《こ》えず」

としゃれてみたが、どうもまだ危《あぶ》なッかしい。わしの八十は孔子の四五十にもあたるものか、心の欲する所に従っては、まだまだ剣呑《けんのん》でかなわない。そこで、さっそく心の欲する所に従うのはやめにして少しのばしたわけ。その辺、聖人よりわれわれ凡人のほうが得《とく》だ。それとも損かな？　ところで、八十五になった昨年の暮れになって再び考えたね、わしも孔子より十五だけ兄貴になったのだから、そろそろまた、心の欲する所に従ってみても大事なかろうとねえ。そこで、今年（八十六）から、おっかなびっくり孔子の真似をし始めたのじゃが、どうやら、大失敗はおこさないできている。

そこで、今年からわしも、矩を踰えぬ程度に、わがままにすることにしたんじゃ。酒も呑むことにしたんじゃ。昨晩も、伊東の町で知人に引きとめられて酒の御馳走になった。久しぶりでいい気持ちになったので、ぜひ送るという自動車を断って、書生時代に覚えた詩吟などしながら、半里の山道を、ブラブラうちまで帰った。ばあさんはわしの若返り振りに大ビックリさ。

働食併進じゃよ

孔子の、吾十有五にして学に志し以下、七十にして云々は（注――論語為政篇「子曰く、吾十有五にして学に志し、三十にして立つ、四十にして惑わず、五十にして天命を知る、六十にして耳順《したが》う、七十にして心の欲するところに従って矩を踰えず」）、孔子が七十年を内省して心境を述べたものだが、聖人でも、凡人でも、天才でも、鈍才でもこの順序にはだいたい変わりはあるまいと思う。これは普通人を基本とした向上生活の述懐だ。道徳修業は万人に等しく要求さるべきであるが、これは一時的の力や方便をもって、一挙に飛躍できるものではない。この一歩一歩における不断の実践と努力、これが最も大切なのであって、帰するところは年の功じゃ。わしもとにかく、八十五になって、どうやらこの天命を知り、耳順い、思うまま振舞う心の自由解放を得たのじゃ。おっと、慢心してはあぶない。いや、やりそこなったら四十にして惑わず辺りからやり直すまでかな。なんにしても長生きすればその辺の融通がつくわけさ。お互いに長生きしなければウソじゃよ。

「ホルモン漬」というのはどういうのかって？　うん、あれか。あれは早くいえば、生野菜の塩もみなんだ。大根、菜ッ葉、人参、キャベツといったのを塩もみにして石をのせておいたものだ。しかし、この頃は歯をわるくしたので、大根や人参をおろしにして味噌を添えて食っている。実はホルモン漬でなくて、ホルモンおろしかな。

このほか、私は普通の家庭では切って捨ててしまうような大根の芯——首根ッこ——をやわらかく煮たり、サツマイモをふかしたり、できるだけ果物をうんと食う。肉はつとめてやらない。同じ食うなら魚の肉だ。それもできるだけ淡白なのを選ぶね。それから、間食《かんしょく》は全くやらない。いろいろなものを客に出したり、客に行って出されたりしても、食事どきまでとっておいて、それを一緒くたになんでも平らげてしまう。夜はたいていうどん類である。自然、メシのほうをひかえる結果になるが、総量では相当なものになるらしい。よくうちへ手伝いに来てもらう婦人が、「先生は腹八分とおっしゃるが、その腹八分が他家《よそ》の御老人の倍ですよ」と笑う。

あるいはそうかも知れんね。昔から「腹八分」を厳守してきてはいるが、大食いは大食いだったからね、ハハハハ。

それに、なんでもウマク食うことじゃよ。なんでもウマク食えんようでは、食い過ぎか、本人の働き（労働）が不足なのである。人間が老い込まぬ秘訣は、「働学併進」にあるのだが、また「働食併進」にあるのじゃよ。

時の加勢を得ること

貧乏や失敗は、人間が一人前になるのに、どうしても一度はやらねばならぬハシカだから、同じやるなら、なるべく早いうちにやるがいいねえ。

貧乏や失敗が早いほどよいのは、昔からの俗語に、「昼過ぎから降り出した雨と、四十過ぎての浮気はどうしてもやまぬ」というのがあるように、人生も半ばを過ぎて、貧乏や失敗を繰り返していると、いわゆる日暮れて途遠《みち》しじゃ。実はなかなかそれを抜け切るに容易ではない。

かといって、何もわしは、中年者の失敗や貧乏は絶望と申すのじゃない。世間にはいくらも、中年過ぎから頑張り直して大成した験《ため》しはある。高橋是清がペルーの銀山で失敗して、裸一貫から出直したのも四十過ぎなら、馬越《まごし》恭平《きょうへい》が三井を追ん出されて大日本麦酒の基礎を築いたのも五十三からだった。人間奮起するのに、いまからではもうおそいということは決してない。本人一代のうちに余年がなければ、きっとだれかが代ってこれを完成してくれる。要は貧乏にめげず、失敗にへこたれないことじゃ。ますますその経験を生かし、いよいよ勇気を奮いたたしていくことじゃ。それには、やっぱり、体を大事にして長生きを心掛けていくことにもなるねえ。

　わしの、処世の要訣の一つに、いかなることにも、「時の加勢」を忘れぬことというのがある。健康に注意して長生きを求めるのも、つまりこの、時の加勢を求めることだ。けれども、ただ長生きをしたところで、常にアタマとカラダを十分に働かしていかねば駄目である。単なるしゃばの場所塞《ふさ》ぎになってしまってはいかん。

小さなことの大きな力

平素の心掛けでは、わしも八十年来——いや、中途から始めたものもあるから、五、六十年来といわねばならぬのもあるかな——とにかく、いろいろやってきたものがある。例の「四分の一貯金」もそれ、「腹八分」もそれ、「一日一頁」の原稿書きもそれ、「あらゆるチャンスを生かす」といった心配《くば》りもそれ。なんでもよろしい、それには、いったん思い付いたことはあくまでも徹底し通すということが大切だよ。

おう、これこれ、これを見てくれたまえ。(ズボンにつけた革帯をはずす)このバンドには、いまでもちゃんと目盛りがついている。これはわが輩が初期の洋行時代からやっていることで、どこへなんの視察に出掛けても、参考になると思うものの寸法などを、いつでも即座にはかって帳面につけておける仕掛けである。坐り心地のいい椅子の高さがどれだけ、能率的な電車の昇降口の幅がどれだけ、何山の何年木《ぼく》が目通り何尺に育ったかなどというように、何事にもすぐ、立ちどころに間に合ってはなはだ便利なものである。

それから、いまもって歩く杖にもこれがある。昔は世界中携えて歩いたステッキに、人知れずそっとこの仕掛けがしてあったのじゃ。

まるでスパイだって？　うん、そうかも知れん。スパイというものは四六時中常にチャンスをねらっているものだ。まず、何事にもその心掛けが必要なわけだね。このように、一度始めていいと思ったことは決してやめない。どこまでも実行しつづける。これが何事にも大切なことだねえ。いまではもう、それほど心を配っていろいろ調べ上げることもなくなったが、それでも、こうして歩かぬと気持ちがわるい。いわゆる慣《なら》い性となるというやつかな。なんでもこれくらいの徹底性が欲しいね。このバンドやステッキが、どんなに役立ったか、どんなにどえらい効果をもたらしたか、いろいろ面白い話がたくさんあるよ。

子供に何を残すか

この間もある人がやって来て、人間も金、金、金とさわいでいるが、金もあまりできるとイヤになりますといっていた。いまどきめずらしい話だが、ハハハァ、イヤになったら、今度はイヤでないように、上手に使うことだね。金を使うことも、金を作ることと同様、なかなか骨が折れる仕事だよ。

私の場合は寄附することだったんだが、いや、その寄附というのも上手にやるにはなかなか難しい。ただ、他人《ひと》にくれてしまえばそれでよろしいというわけでもないからねえ。いわれなく人に金をバラ撒くということほど、人に悪影響を与えることはない。ことにそれが近親者であればあるほど結果においてよろしくない。普通に残して、普通にくれてやるのでも、金持ちや財産家の子孫に、あまりロクなものは出んのじゃからねえ。

こうなると、ありあまる金ほどちょっと始末に困るものはないことになる。しかも、この始末に困る金を活かして使うのが人生の達人だ。

その人も――わたしも、先生のおっしゃることがある程度わかるような気がします。そこで、大勢ある子供には、それぞれ真面目に一所懸命働いていきさえすれば、社会のみなさんから食わせていただけるところまでにして、生じッか、親爺のものを当てにしないようにしたいと思っています。親爺のものは親爺のもの、親爺が好き勝手に使ってしまう。いや、社会へお返ししてしまうものと考えさせています――といっていたが、それが本当なんだ。わが子が可愛ければ可愛いほど、しっかり独りで世の中に立っていけるように、事業とか仕事とか、また学問、技芸の習得を心配してやるべきで、従来のような古い考えで、金を残すとか、財産をくれてやるとか、そんなことをしてはいけない。また残そうと思っても残してやれぬ世の中になった。金や財産は子孫にとっては大きなマイナスだ。むしろ借金を残して奮起させるほうが慈悲になるくらいだね。ハハハハハ。いやァ、これも少し極端だがね。

金儲けのできる奴はエライ

なんといったって、金儲けのできる奴は、エライ奴じゃ。世の中には学問しようという奴もおれば、大芸術家になろうという奴もいる。しかし、それには、それ相当の素質もなければならぬし、修業の機会もなくてはかなわぬ。百人が百人というわけにはいかない。ごくごく、限られた一部の者しか、いけない。

そこへいくと、金儲けは万人に門戸開放、機会均等じゃ、何人にも禁じられてはいない。商売人はもちろん、サラリーマンでも、百姓でも、公職追放者でも、後家さんでも、だれでも儲けようと思えば儲けてよろしいのであるが、それだけに競争者も多ければ、競争率も激甚だ。世の中で、一番ありふれて、一番真剣なのが金儲けの道であるとさえいえると思う。それだけに不正でない方法、不正でない努力で、金儲けに成功できるものは、どこかに常人の及ばないエラさがあると私は信ずる。金を儲けて馬鹿になる奴はあるかも知れぬが、なかなかもって、馬鹿には金儲けができるものではない。どっかエライところがあるに相違ない。私は、その金儲けの成功者の、そのどっかに、何人も一応敬意を表すべきだと考える。

金儲けに成功したのをわるくいわれるのは、一に全く、金儲けしそこなった連中のしっとからじゃよ。わしは、正しい金儲け、ヤミとかヤミがかったうすぐらい金儲けでないかぎり、いつ、だれが、何をやっても、「金儲け——いや、結構じゃねえ」といいたい。

儲けるばかりじゃない。世の中のために使うのにさえ、なんのかのといわれる。いずれにしても、金のことというと、世間は黙っておれんようじゃな。はなはだ口うるさい。全く関係のないものまでおせっかいをする。これはあきらかに、世人がみな一様に金を欲しがっている証拠だと思うね。何もやかましい社会心理の、精神分析のといわなくってもねえ。

人を見る一つの尺度

金なんて、他人《ひと》の知らぬ間に儲けて、他人の知らぬ間に使えば文句はないが、何もそんなにこそこそやることでもないさ。威張ってやってよろしいよ。

わしは金を貯めたのがけしからんの、寄附金をはずんだのがけしからんのと、大学の辞職を勧告されたことまであるが、金というものが経済生活の手段である以上、金は決して馬鹿にしてならないと思っている。金を馬鹿にした連中は、いや本当に金を馬鹿にし切った人間というのは少ない。内心はそれほどでもないのに、口先ばかりで馬鹿にしたような顔をするものが多いのさ——そんなのが、金のことでかえって他人《ひと》に迷惑をかけたり、不義、不徳をおかしたり、大切な自分のつとめを怠ったりする連中である。

この意味において、わたしは金を大切にする人、ハッキリする人、軽く考えない人を、少なくとも、そうでない人より信用するね。これがたしかに、人を見分ける一つの尺度になるよ。

金儲けはもちろん、「金と人生」の全部ではない。それなのに、いつでも金を語ればすぐ金儲けオンリーと考える連中が多いから困る。金によって精神の独立を裏づけるのも、人生における一つの行き方だし、できた金をどう使うかも、きわめて大切な問題である。

『私の財産告白』を、自分勝手に金儲けの奥義書と早合点して読んだ人も多いようだが、その欲張りに答えるものは何も出していないはずだ。先日もあるブック・レビューに近頃よく売れる本として紹介してくれたのは有難いが、いささかその評者の見解に遺憾があった。しかし、これは評者ばかりでなく、金の話といえば、すぐ金儲けの話でなければならぬと考える連中にも共通することなので、ここにちょっと、一言さしはさんでおきたいと思う。

評者も「四分の一貯金」の必要と効果を、一分の真理として認めている。貯金すればしただけ間違いなく金が貯まる。これは金儲けの奥義でもなんでもない。当たり前のことである。真理とはすべてそんなものである。当たり前のことを当たり前とするところに真理があるのだ。しかもこの平々凡々な貯金をすら、すぐ金儲けであるかのごとくみたがる点に、「金欲し屋」のさもしい悪癖があるようである。

貯金は貯金、それは決して金儲けでもないし、金儲けに入らねばならぬ初歩でもない。貯まった金をそのままにしておくのもよし、有用に使い切るのもよい。私の場合はこれを株式と土地・山林に投資して大いに殖やしたのである。微《び》を積むこと、よく巨万の富となし得たのである。

だが諸君よ、早まってはいけない。私が有望株に投資したり土地・山林に目をつけたのは、日清戦争直後の日本経済の上昇期である。バカでもチョンでも株や山林を買っておけば成金になり得た時代である。いってみれば私は運がよかったのである。しかも、同時代人に、なんと、そのバカでもチョンでもが少なかったことかといいたいのである。

宝クジを買えば必ず百万円当ると決まっていたようなその際、月給や売り上げの天引きをしてクジを買うもののいかに少なかったことよ。また買ったにしても、辛抱強く持ちつづけるものは少なかった。それをあえてする――世間のいわゆる金儲けの奥義などというものはたいていそんなところにある。これは私の実験ずみの奥義である。

しかも、これがウソとなるのは、時代もちがい、境遇もちがう人の経験を、そっくりそのまま自分に頂戴しようとするアタマなしか、横着者の見方であって、欲があまり深すぎるというものだ。当節はそんじょそこらに、この金儲け病患者がウヨウヨと多過ぎる。

時勢に即応して、新たに、日に日に新たに考え直す。そうして、それを新たに、日に日に新たに実行する。これが政治、経済、教育、生活等人生のありとあらゆるもの、また、ここにいう金儲けにも必要であるのだ。

私は学問を愛した。仕事を愛した。しかも学問を愛し仕事を愛したがゆえに、世の中に厳存する俗生活の力強い生き方をも蔑視しなかったのである。このことは、ここに改めてみなさんにも念を押しておきたい。

貯金は金儲けではない。しかも、金儲けは金儲けとして、あらゆる人が、与えられたすべてのチャンスを掴むのがいい。それには常に、自分のアタマで、自分の力と立場とを考えて、時勢の動きというものを捉えていかなければならない。単なる人聞き、人真似では絶対に駄目なのである。

アタマの人間・ウデの人間

わしもいろいろな経験をもっているが、商売の経験だけはない。もっとも本多はショウバイニンだよと、学者仲間で悪口をいわれたこともあるが、学者として一人前にやってきてる上に、商売人めいた何かがあったって、別に非難されることもないと考え、大いに威張り通してきた。いったい学者なんてものは、どういうものか、昔から商売人を目の敵のようにするが、わしはそう思わん。商売人——いいじゃありませんか。

商売道に徹した商売人は、やはり尊敬すべきである。むしろ、ヘボ学者よりヘボ商人のほうが、ヘボはヘボでも、社会有用の価値においては、はるかに右に出るものがあると考えられる。だから、わしはいまでも、若い人々から身の上相談などをかけられても、ずば抜けたいい頭脳を持ち、それにそうだけの大創意家でない限りは、柄にない学者などを志すべからずといつもいいつけている。二流、三流の実業家はいくらあっても苦にならぬが、学者の二流、三流ばかりは、どうにも始末がわるい。国家的にみても大きなつ いえである。アタマの人間は少なくていい。しかし、ウデの人間は多くなくちゃならん。

世の中たしかに、下手にアタマの人間になろうとするよりは、しっかりしたウデの人間になることだねえ。近頃はいっそう、学校学校と騒ぎ立ててきだしたが、学校にしばられていちゃあロクな人間は出んよ。本当に役立つ人間になるには、みな社会大学でうんと勉強しなくちゃねえ。

それに生じッかな学校卒業生は、その学校出ということにとらわれてしまっていかん。この間もわしの処へ父子《おやこ》でおしかけてきた人が、なんでも美術学校を卒業したから絵描きにならなければならん、いやそれじゃ食っていけん、食えんでも絵描きだ、それより学校の先生になったほうがいい、いやいやそれでも美術を出たんだから……と、まず半日近くもオヤコ喧嘩だった。そこでわしが、美術学校を出たって、必ずしも初めから一家の生活を犠牲にして、金にならぬ絵を描いていなくちゃならんというわけはない。それに必ずしも天才的な素質を持ち合わせているというのでなければ、出身学校にとらわれて見込みのない美術家生活に入らなくともいい。学校の先生になれるなら、一応学校の先生になって、それから絵でもなんでも、改めて勉強すればよろしいではないか、立派な一人前の教師になって、その上美術方面の特殊な勉強を生かす努力をするのも、決しておそくはないと結論づけてやった。このように、わずか三年や四年の学校生活で、長い一生の方向を自分自身でせばめようとするのは実につまらん。

何学校でもよろしい、ともかく、一つの学校を卒業すれば、それだけの人間的な修学と教養は身につけられたのだから、それを基本に、また新たな社会学校の勉強を始めるべきだねえ。境遇と、機会と、素質と、実力とに応じて、自由にその身の振り方を考えてよろしいのだ。一つの学校を相当な成績で卒業すれば、どこへ行ってもまた立派に働けるものだ。学校でならった一つの専門は、つまり一つの専門的な常識で、どこへ行ってもそれが通用する。また通用させるだけの努力と融通が必要なのだ。

世間にはよく、医者の子供だから医者にならなければならぬなぞと、本人の素質や志向を構わず、医者にしようと無理強いする親もあるが、これなどは全く馬鹿の骨頂じゃ。本人にその素質がなく、その気がないものを、無理やり医者にしたところが、人殺しのヤブ医者が一人ふえるだけのことじゃないか。社会も不幸なら、本人もまた不幸だ。

わしは一切の学校選択、一切の職業選択は本人の自由にしたい。もちろん、父兄としてのしかるべき指導は必要であるが、原則としてはあくまでも本人の自由意志にまかすべきじゃ。今日の学制で六・三・三・四の六・三までは義務教育で問題はないが、あとの三・四は必ずしも、世間でみんな行くから、いい、しょうことなしに行くという必要はないと思う。三・四以上の高等教育、専門教育は、それを欲するものだけ、頭のいいものだけが行って、あとは一日も早く実業について、いわゆる社会大学で働きながらの勉強が一番いいと思う。

ウデの人からアタマの人へ

アタマの人間が――つまり事務屋のことだがね――途中からウデの人間になるのは難しいが、ウデの人間が途中からアタマの人間になることは容易である。ウデがある上にアタマの人となるのだから、それこそ鬼に金棒だ。普通人よりもっと有利な地位が築き上げられる。もちろん、ウデの人間が、ウデの人間として大成することも大切であるが、大成した上にアタマを加えることは別に差し支えはない。ウデの人間――つまり技術屋のことになるがね――が、ウデの人間として行き詰まるのも、多くはアタマの人間となるべき勉強が足りないからだ。アタマからウデへ、これは前にもいったように順序が逆で、ウデからアタマへ、これは最も普通な、無理のない行き方といえる。

だから、わしは、だれでもまずウデの人間になりなさい、ウデの人間になれば、自然にアタマの人間にもなれるといっているんじゃよ。

卒業学校の専門にとらわれず、また途中から転向してアタマの人間になり、それで立派に大成功をしている人は世間にいくらでもあるよ。鮎川義介《あいかわよしすけ》さんなども工学士出身の大経営家だったし、尾崎行雄さんなども古い工部大学の学歴がある。わしの友人にも、お医者から天下の大政治家になりすました後藤新平などという男がある。

近頃新進実業家として大分売り出してきた第一生命の矢野一郎君なんか、世間の人はあまり知らんようだが、あれは駒場出身の立派な農学士じゃ。もちろん今日あるのはオヤジの七光り――恒太さんの頭のことではない――もあろうが、農学士として身に体《たい》したものが、保険界にも十分発揮された結果じゃとわしは思うね。これでみても、大学や専門学校で修めた三年や四年の学問で、自分のすすむべき道をことさら狭くして考えるのはおろかなことだ。一芸、一科に通ずれば、その道はまたすべての道に通ずるのじゃ。それが本当の学問というもんじゃ。

わしの知ってる男――いや実はわしのムコじゃが――大村清一（元内務大臣）も、農学校、農専の出身で、のちに京大法科を経て官界に打って出たもので、もともと農業方面の勉学が、いろいろな点において援けにこそなれ、決して邪魔にはならなかったとつねづね申しているよ。

要するに、人間の成不成は、すべてのものを時勢と境遇に応じて生かす努力にあるのであって、学問と経験はいつも尊いその基盤となるものである。

まァ、ここらで、わしの人生観、処世観を端的にいわせてもらうと、やッぱり「人生即努力」、「努力即幸福」ということになるんじゃよ。金の話、人の話の結論もまたここからくるねえ。

【附】だれにもできる平凡利殖法

私の致富奥義

本多流の致富奥義は、しごく平凡だ。だれにもやれる。まただれにもやってもらいたいと思う。

第一に、常に、収入の四分の一を天引き貯金すること。

第二に、いくらか貯まったところで、巧みに投資に回すこと。

第三に、ムリをしないで最善を尽くし、辛抱強く時節の到来を待つこと。

ただこれだけである。諸君はハハンと片付けてしまうかも知れない。しかし、これをハハンと片付けてしまう人には、金持ちにも財産家にもなる資格はない。何事にも、最善の途は平凡にあるのであって、平凡こそ最も確かであり、効果的であり間違いのない法である。いくら名案奇策でも、その可能性にとぼしく、限られた一部の人々にしか実行できぬものでは意味をなさない。天才には天才の道がある。その天才にしかできぬことを、われわれ凡人が真似たとてなんにもならぬ。生兵法が大ケガの元になるぐらいが落ちである。だから私は、理財投資の途においても、常に平凡人の平凡道しか説かない。しかもこれが一番の正攻法でもあるのだ。

正攻法を馬鹿にしては戦いにも破れる。致富、金儲けの途もやはり同じことで、何人もまずその定石と正攻法を学ばなければならぬ。それは勤倹貯蓄である。いや学んだばかりではダメ、これを習い、これに十分至らなければならぬ。

本多式四分の一貯金法については、すでに『**私の財産告白**』——実業之日本社発行——において詳細を尽くしたので、ここにはあえて再言しない。これは私が行ったから本多式であるが、諸君が行えば諸君の何々式になる。別に専売特許でもなんでもない。しかもなんら難しい方式があるわけではない。手ッ取り早くいえば、四分の一天引き貯金の断行である。平常収入の四分の三で生活を立てて、余りはすべて（臨時収入は全額）貯金に回すというだけのことである。

どうかして金持ちになりたい、どうかして財産を作りたいと思うものは、まず、これから実行してかからねばならぬ。いわば、これは致富要訣の第一課といったもので、何人もこれから入らずに前へすすむことはできない。貯金はイヤだが金持ちになりたいなぞは、あまりにも虫がよすぎる。そういう人は、私の話も、この辺で見切りをつけたほうがよろしい。私のほうも、その人を見切りたいと思うのだから……。

さて、いまからでも遅くはない、諸君にこの四分の一貯金をやってもらうとする。その結果はどうであるか。三年先、五年先、十年先、収入の増加と複利の加算で、計算だけでもまず相当なことになる。しかもこの計算は、五年なり十年なり、実際にやり上げた場合、予想以上に大したものになるのだから、貯蓄というものは不思議なものである。私の体験でも実はそれに驚かされた。本多式貯金法の偉大さは、この本多さえ全くびっくりさせられたのである。

サラリーマンと経済生活

私は学問をもって、立ってきたものである。いわゆる実業家でも、商売人でもない。しかし、いろいろと考えてみた。

由来学問の道と、経済生活の充実とは両立しないように思われてきたが、果たしてそうであろうか。特別な事情のない限り、学者といえども普通の経済生活をしなければならぬ。学問も経済も生活的に一致しなければならぬはずだ。仏教の言葉にも「道中衣食あり」とあり、また論語にも「禄其中にあり」といっている。学者ばかりが何もすき好んで、貧乏しなければならぬわけはない。

いわゆる営利を目的とする実業に比すれば、学問の道が経済的にめぐまれないのは事実である。しかし、世間並みの俸給をもらって、世間並みの生活ができぬと泣き言をいうには当らない。学問的優秀性を経済的貧弱で説明しようというのもおかしなものだし、もちろん、自慢にもなんにもならない。それはただ、学者の迂遠と薄志弱行を暴露するものでしかない。学者とてもその俸給の範囲内において最善の経済生活法を営み、能う限りの勤倹貯蓄を行うに毫《ごう》も不都合はない。さらに自己の学問研究に対し、積極的に努力を積み、活動を行えば、ゆるされた限度において自然とその収入も増加するのである。学問と経済とが共々《ともども》に向上するのである。それゆえ、学問の道に立つものは、むしろ、あらかじめそれだけの覚悟と用意をしなくてはなるまい。まして一般のサラリーマンたるものにおいてをやである。

私は幼少より貧乏にならされ、貧乏に発奮してきたものであるが、幸いに今日まで大過なく人生を切り抜け得てきたのは、こういう流儀で、学問に対する努力を怠らぬ半面、また経済生活の充実に何事もおろそかにしなかったからである。

そこで私は、大学奉職以来質素緊縮を旨とし、奢侈と虚栄を戒めつつ、例の四分の一貯金をつづけてきた。他面学問的活動もさらに倍し、それによる収入もおのずから増加、その経済的余裕は再び学問的活動の原動力となるに至ったものである。

貯金は馬鹿げている？

私は私の流儀で、四分の一天引き貯金を実行して、予期以上の資産を作ったが、実を申すと、ただ貯金するばかりでは大したことにはならぬのである。その多寡は知れている。たとえば、私の三十六年間の大学俸給を年三千円平均とふんで、これを四分利で全部貯金したとしても、総計十九万余円にしかならない。しかも、その間の物価値上り――つまり貨幣価値の下落――を勘定に入れると、考えようでは、貯金ほど馬鹿げているものはないかも知れない。ことに戦後の通貨処理や、財産税、封鎖切り捨て、大幅インフレーションの打撃を受けた人々は、それを生々しく痛感するであろう。それにもかかわらず、私の流儀としてこれを力説するのは、いかなる場合も、致富の第一要素となるものは貯金だ。貯金なくして投資なく、利殖なし。蒔く種がなくては何も生《は》やすことができぬからである。ことに必要なのは、貯金の精神であり、貯金をする生活態度である、と考えるからである。

さて、貯金は必ずやる。しかも、貯金だけではダメだとして、次に採り上げられなければならぬのが、その巧みなる投資である。この巧みなるというところがなかなか難しい。実は貯金だけならだれにもできるのだが、これからがすこぶる厄介なのである。頭も働かせなければならぬし、また小マメに手も足も働かせなければならぬ。なれぬものにはなかなかの事業だ。

貯金から投資へ

貯金の足並みというものはきわめておそい感じがする。しかし、おそいだけにまたたしかなものである。これを静かに見守る辛抱が初心者には最も大切だ。私の四分の一貯金は、やり始めてからマル三年目に、やっと――あるいは、早くもか――約七百円に達した。それで私は熟考の末、日本鉄道（上野・青森間私鉄）の新株を三十株買い入れた。これが私の株を持つようになったそもそもの初めで、その後も毎年少しずつ買い増していった。年一割の配当は貯金利子よりも有利であり、また値上りの楽しみも持ち得たからである。それが間もなく、ついに三百余株になった。つまり貯金帳に貯めては、株のほうへすくい出したのである。

これは、日本のような国情（日清戦争以前）では、投資をするなら、幹線鉄道の株か未開発地の山林不動産だと教えられたドイツのブレンタノ教授の言葉を、そのまま実行にうつしたのであるが、間もなく日本鉄道は国有化されることになり、払い込みの二倍半で、五分利付き公債をもって買上げられ、私は一躍三万何千円かの大金持ち（その頃の）となった。この五分利は年二千二百余円で、大学からもらう年俸より上《うわ》回《まわ》っているから、われながら驚かされる次第であった。こうなると、いわば貯金と共稼ぎの有様で、年来のぞみつづけていた経済生活確立の基礎も、どうやらかためられてきたわけである。

ブレンタノ教授の教訓を守って、私は鉄道株の買い入れと同時に、交通不便な奥地の安い山林を買い入れることにした。しかしこれには自分の貯金だけでは資金が不足したから、実は某大資産家に話して出資せしめたのである。

すなわち、私は買い入れから経営一切を引き受けて、その代償として山林の四分の一を自分の持ち分にしてもらい、純益の四分の一を受け取る約束をした。ところが、その資産家は日露戦争後の大恐慌で一敗地にまみれ、全山林を私には内々で銀行の担保に入れてしまう仕儀となった。もっとも、初めのうちはすぐ返金して私に知らせずに済ますつもりであったらしいが、ついに再起の機を得ず、数千町歩の山林を抵当流れにしてしまったのである。

私はこのことを聞いて、すっかり驚いた。知らぬ間に自分の山林（四分の一）がなくなっているというわけで、さっそく銀行に掛け合ってみたところ、銀行でも山奥の大森林を背負い込んでどうにも困り切っていたため、元利ともに支払ってくれれば、みんな売り渡すという話だった。

そこで私は一大決心をもって有金全部のほか、銀行から新たに生れて初めての金を借りて、その山林を引き受けてしまったのである。

土地・山林の目のつけ方

いまから顧みると、まるでウソのような話であるが、その後その山林は木材の搬出が可能になって、立木共一町歩四円内外にしか当らなかったものが、木材だけで一町歩二百八十円に売れるようになった。だから、数千町歩のうちのわずか数百町歩の立木を売っただけでも、たちまち十数万円の金が転げ込む有様となり、私はその金で、新たに格安の山林を買い集めたり、また東京市内の場末で、坪二円から六円までの土地を買い入れたりした。

市内の土地はどんなところに目をつけたかというと、その頃はまだ渋谷、目黒、淀橋といった辺に、まだ開けていない雑木林の高台がいくらもあったので、その日当りのいい南半を無条件で片ッぱしから買い取ったのである。これは東京の郊外発展はうたがいない事実であり、また高台地域の実測面積は帳簿上よりも概して広いのが普通、しかも日当りのいい南面から漸次開けていくのは常識であったからである。

果たして、これは決して間違いのないところであった。そうした土地は、数年ごとに必ず倍加の地価がとなえられた。そこで私は、倍加する度に、その所有地の半分を手放した。すなわち「**十割益半分手放し**」という私の流儀で、半分残った土地を只《ただ》にしておくのである。これは株式でも同じことで、あまり欲張らず、それかといって別に遠慮もしない。儲かるときに儲けて、手持ち分の原価をゼロに消却しておくのである。こうなると、あとはいくらで売れてもそれだけが儲け、どんなことがあっても損のしッこはない。すでに損はしないと決まれば、そのものについてのあせりはなく、ムリもなく、したがってまた最も有利に処分することもできたのである。

こういう方式で、私の投資は行われた。巧みであるかどうかは知らぬが、結果的には巧みにいったと自認できるものがあった。満二十五歳で四分の一貯金を始めて、五十歳過ぎた頃には、田畑山林一万町歩、別荘地六ヵ所、銀行会社等三十余会社のちょっと知られた株主仲間となることができたのである。年収二十八万円で、淀橋税務署管内でのナンバー・ワンになったのはこの当時のことである。

元金を倍に働かす法

世の中には、投資と投機とを混同しているものが少なくないが、投資と投機は断然ちがう。私のここにいう投資とは、あくまで勤倹貯蓄で作り上げた資金を、最も有利有効に働かせることで、そこにいささかのムリや思惑があってはならない。理想的にいえば、その元本の安全確実を第一とし、有利有望な事業（株式その他の方式で）に注ぎ込み、年々それから利益配当を受けていくことである。投機とはしからず、ムリな金でムリな算段で、投資対象の実体をしっかり掴むことなしに、いわゆる一攫千金を夢みることである。ある程度の証拠金取引で、相場の高低を思惑するの類である。したがって、予想通りになれば時として大儲けもするが、予想が外れればたちまち大損をする。大損するばかりではなく、他人にとんだ迷惑を及ぼすことになる。私の流儀では絶対にとらないところである。

では、投資にはいかなる方法をとればよろしいのか。

それは必ず自分の金でやること。自分に与えられた信用利用の範囲内でやること。

投資対象の実体をしっかり掴んでかかること。たとえ元も子もなくなる場合があっても、ただそれだけの損で済む範囲内にとどめること。こういったところが私の流儀の根幹である。これでいきさえすれば、決して間違いはなく、巧みなる投資といった巧みにもおのずから通じることになるのである。

たとえば、銀行へ預けた貯金が相当額にまとまったとする。ところが、銀行の利子は最高のもので四分になるかならないかである。これをそのまま寝かせておくのは惜しい。それで確実な会社の株式に乗り替えれば、利回りはうんとよくなる。かりに六分になれば元金が五割増しになったと同じであり、八分になれば正に二倍化だ。一万円の預金をもっていたものが二万円もっていると同じになる。一割になれば二万五千円、一割二分になれば三万円にも匹敵することになる。私の投資というのは、初歩的にはまずここへ眼をつけることで、貯金で貯めた金をさらに何倍化にもして働かせる法である。それにはやはり株式投資が一番いいと考えている。

安全と有利を兼ねた法

私の株式投資法には、前にもちょっと述べた「**十割益半分手放し**」という流儀のほかに、「**二割上げ利食い**」といったものがある。この両者を適当に使い分けていくのが、私の株式投資法の全部であった。ほかにはなんの名案奇策もない。

「**二割上げ利食い**」は主として清算取引（現在未再開）の行われていた際やったもので、銀行にまずしかるべき額の金が貯まると、その限度内で先物を買いつける。引き取り期日までに二割以上の値上りをみたら、欲をかかないでそれを処分する。たとえば、六十円の株を買っておいて七十二円以上になればあっさり手放す。そうして十二円の値上り分を元金に加えて預け直すのである。

そうすると、そのまま五年間放っておくとしても、二割の利益は年平均四分になるのであるから、銀行利子の四分に加えて八分になる。だから、八分に回すために株を買ったと同じ勘定になる。しかも、その間には必ず買おうと思ったときの値段、もしくはそれより必ず下る場合があるものであるから、改めてその気があれば買い直しさえすればいい。あるいは反対に、清算中に買い値より下がれば、それだけの資金がちゃんと用意されているので、それを引き取って持ちさえすればなんでもない。銀行利子よりはましの配当がとれて、その上再び必ず値上りする機会もあるものである。つまり資金さえ手持ちでかかれば、株式の選択をあやまり、とんだボロでも掴まない限りは、どちらへ転んでも、安全にしてかつ有利である。

私の株式投資流儀は、まずこんなところである。いまに、清算取引でも再び始められたら、諸君もこの方法を行うがよい。

あるいはこの方法も、ちょっと見には投機と違わないではないかという疑問が起こるかも知れない。だが、これには根本的な違いがある。実力以上（手持ち金なし）に思惑をすれば、もちろん、危険このうえもないが、そこは投資と投機と違ったところで、ちゃんと最後的に引き取るだけの金の用意ができているのだから、値下りを食っても決して損をすることはない。予定のごとく実株を握って、予定のごとく配当をもらいさえすればよろしい。

次に「**十割益半分手放し**」であるが、単なる利回り計算だけで、銀行貯金から乗り替えた株も、もし割安時代に確実なものを手に入れておけば、五年十年の間には必ず大きな変動があって、買い値よりいちじるしく騰貴をみる場合がある。

たとえば六十円で引き取っておいた株が十割騰貴して百二十円になったとする。この際私はいままで忘れていたようなものでも、さっそく半額だけは必ず手放す。もっと上がりそうだと思っても、それ以上の欲を出さない。

あとに残った半分を、ゼロに消却するのが目的で、ゼロになった株なら、持っているのも気安いし、配当も、売却代もみんな只《ただ》もらいという勘定にもなる。この場合、もちろん、十割益半分手放しの金はすぐ貯金のほうへ戻しておく。そうして、再び何かの機会に出動させるのである。

つまり、元金だけを投資準備に還元してあとは只の株で只儲けをするだけである。

要するに、株式投資の秘訣は、いずれも自己資金をできるだけ用意（貯金または利殖）して、その限度内で、割安に買い、割高に売ることだ。だれにでもわかり切ったことで別に奇も変哲もない。平々凡々を極めたことである。

それだのに、どうしてこれに失敗するものが多いか。儲けるものが少なくて、損をするものばかりが多いのか。それはあまりにも株屋のいいなりに動いて――株屋は商売だから無責任に動かしたがる――しっかりして自主的に動かないからである。つまり俺の流儀という流儀を、確乎たる自信の上に押し通さないからである。私が冒頭において述べた、「ムリをしないで最善を尽くす、そうして、辛抱強く時節到来を待つこと」というのは、すなわち、ここのことであって、しっかりした合理的な自分の流儀を立て、どんなことがあっても、その流儀から逸脱しない操守をもつことが、株式に限らず、すべて巧みなる投資に成功するゆえんである。

自主性の保持と先見

以上は主として、貯金を株式に乗り替える場合の投資法について述べたのであるが、経済界は時勢と共に変化し、株式の有利な時代もあり、土地、山林、家屋の不動産、公社債の有利な時代もあるから、何人も資産の全部を一つものに投資しておくのは決して賢明の策ではない。私はその後、資産の十分の一以上を一事業に投ずることを避け、少なくとも常に十以上の種類に分けて投資するようにつとめてきた。

時勢の動きを絶えず注意していること。そうして、それに対し常に事前にしかるべき手を打つこと。

これが、如上《じょじょう》の諸流儀を実行したうえ何人も怠ってはならぬ投資家の用意である。いかなる名案も、いかなる努力も、時勢に逆行しては敗けである。表面にあらわされた社会事象から、その逆の動きをみてとることは、時勢に逆行するものではなくて、むしろ、一歩先に時勢に順応するものである。「好況時代には思い切った勤倹貯蓄を、不況時代には思い切った投資を」とつねづね私が説いているのも、実のネライはここにあって、真夏に冬の仕度を、厳寒に夏の準備をといったくらいの明察と、勇気と、実行がなければならぬのである。付和雷同は一般処世においても慎まなければならぬが、投資行動としてはことに戒めなければならぬところである。

解説

渡部昇一

本多静六博士が終戦後の混乱期に書かれた三冊の本（『私の財産告白』『私の生活流儀』『人生計画の立て方』）は、私にとって「恩書」というべきものである。まさに恩人や恩師のような、人生の進むべき道を指し示してくれた書物であった。

世の中には、立派な学者もいれば、実生活でもその道の達人というのがいるわけだが、その双方を兼ね備え、しかもすぐれた常識人となると、なかなかいるものではない。その点、本多先生は林学という分野で学問的に重要な業績を上げたのみならず、実生活の面においても、われわれの手本となるべき理想の生活を実現なさった方である。

学者として、またひとりの人間として、私が今日あるのも、その基本的な生き方を本多先生の書物から学んだおかげである。

私が本多先生から学んだ最大の点、それは「努力するという覚悟がすべてを変える」ということだった。

先生は、極貧の暮らしを経てようやく入学した東京山林学校（東大農学部の前身）で、最初の学期に数学ができずに悩み、井戸に飛び込んで自殺を図ったという。だが、その後「死んだ気になって」勉強した結果、次の学期には最優等の成績をとるほどになった。わずかの期間の命がけの努力によって、落第から最優等にまで行くことができ、「お前は数学の天才だ」と教師から称えられたというこの先生の体験談は、先生同様の貧しさに苦しみながら学問を志していた私にとって、衝撃でもあり、勇気を与えられることでもあった。

生まれつきの秀才ではなくとも、努力が人間の脳の中までも変えてしまう――そう言われてみると、確かにかの夏目漱石も英語で失敗しているではないか。ところが漱石は、好きだった漢文の書物を売り払って英語に集中する決心をして、猛勉強した結果、日本で最初の英文学研究の文部省留学生として、イギリスに派遣されるのだ。思い切って命がけで努力すると、その方面で第一人者になれるという実例であろう。

本多博士の「努力はすべてを変える」という体験は、山林学校時代だけでなく、その後ドイツに留学した際にも現実となっている。当初、婿入りした先から受けるはずだった資金援助が銀行破綻のため途絶え、極貧のなかで留学生活を強いられた博士は、ドイツ語の能力も充分でなく、なおかつ四年間の予定だった留学期間を半分に短縮して博士号を取得しなければならないという二重、三重のハンデを強いられたが、見事、日本人として初めてその専門分野での博士号を取得された。かくいう私も、大学で英文学を専攻しながらある偶然でドイツに留学することになり、その意味では本多博士と同様の苦しみを味わったのだが、このときも本多博士の教えによって、「努力することで、人間は脳まで変えることができるのだ」という確信があったからこそ、乗り越え、博士号を取ることもできたのだった。

そもそも私が学生時代に本多先生の書と出会うことができたのは、実は戦前からそのお名前を存じ上げていたからである。といっても、幼かった私が先生の学問的な業績を知っていたわけではなく、家族が買ってくる『キング』や『婦人倶楽部』、『主婦の友』といった雑誌の「身の上相談」のコーナーで、詰め襟姿の先生の写真と懇切丁寧な回答をよく読んでいたからだ。

その当時、帝国大学の現役教授がこうした通俗雑誌に登場するということはまれで、本多先生以外には、大正時代の『実業之日本』で全国の青年を励ました新渡戸稲造博士が唯一の存在だったといってよいだろう。一高の校長だった新渡戸博士は、「校長ともあろうものが、通俗雑誌に執筆するとはけしからん」と周囲から非難され、ついには退任の一因となったという噂さえ飛んだほどだった。

こうした時代風潮のなかにあっても信念を貫いた新渡戸博士や本多博士は、自分の歩んできた人生に絶対の自信があり、自ら語ることが前途有為な青年や女性たちに必ずや役立つはずだという信念があればこそ、周囲や世間がなんと言おうと、あえて通俗な形でその知見を披露すべきだという「覚悟」をもって臨まれたのだと思う。

　この『私の生活流儀』からも感じられるように、本多先生の説く内容はきわめて常識的で、「親切で人生経験豊かな親戚のおじさんが、孫や甥たちに語っていく」ような風情が、なんともいえない暖かみを醸し出している。博士の言に間違いのないことは、ご自身のご子息やお孫さんが、ひとり残らず社会や学問の世界で立派に活躍されていることがなにより証明している。たとえばお孫さんのおひとりである本多健一氏は、日本における分子工学の権威として東大教授や東京工芸大学学長を歴任された方で、本多静六博士のご縁で私も知遇を得ることができたのは、大きな幸いであった。

　また、本多先生晩年の三部作の特徴は「偽善を排した」点にある。先生は『私の財産告白』の冒頭で、こう記している。


　世の中には、あまりにも多く虚偽と欺瞞と御体裁が充ち満ちているのに驚かされる。私とてもまたその世界に生きてきた偽善生活者の一人で、いまさらながら慚愧の感が深い。しかし、人間も八十五年の甲羅を経たとなると、そうそういつわりの世の中に同調ばかりもしていられない。偽善ないし偽悪の面をかなぐりすてて、真実を語り、「本当のハナシ」を話さなければならない。これが世のため、人のためでもあり、またわれわれ老人相応の役目でもあると考える。

その当時、帝大の先生が金儲けの話をするなどというのはとんでもないことだったわけだが、先生は勇気をもって財産や金銭についての真実を語られ、学者から大富豪となった自らの体験を赤裸々に示したのであった。

さらに先生は、漫然と人生を送るのではなく、計画を立てたほうがよいとして、なんと百二十歳まで生きることを前提に「人生計画」を立案し、それを実行していった。その内容は、本書のほか『人生計画の立て方』に詳しいが、先生と同じように年齢を区切って考える必要はないにせよ、博士が死の床で「百二十を目標にした八十五年の充実は、本多静六にとって、満足この上もない一生だ」と語ったように、何歳になっても目標をもって生きることが大切なのは、改めて申すまでもないだろう。

私は、「人生計画」とは「人生のイメージトレーニング」であると理解している。すなわち、スポーツ選手がイメージトレーニングによって大きな成果を上げているように、人生という長いマラソン競技においても、その道筋をイメージするかしないかで大きな差が生まれるということではないだろうか。

偽善的なことは一切言わない、という本多先生の姿勢は、「結婚」に関する問題でも一貫している。

自然科学者でもある博士は、『人生計画の立て方』において、結婚相手を選ぶ際には、なによりも相手方の一族における心身の健康が重要である、という点を強調している。結婚を考える若者に対して、ふたりの愛情や経済的なことよりも、まず心身の健康、とりわけ血統について説くというのは、人権意識が行き過ぎた方向にある現在では、いささか勇気を要することになってしまっている。だが、長い結婚生活、しかも子孫を残すという重要な役割を担っている以上、この問題に目をつぶってはいけないという博士の言葉には、おそらく強い反感を抱く人もあるだろうが、一方ではこうした真理を戦後社会が封じ込めたことが、いまの世の中の混乱を招いているという現実も忘れてはならないだろう。
私自身、縁談に際しては本多博士の教えに従い、幸い子宝にも恵まれて、幸福な家庭生活を営むことができた。もちろん恋愛至上主義も結構である。だが、恋愛はあくまでスタートであって、結婚は恋愛だけでは終わらないのだ。本多博士の家庭論、結婚論は進歩的な人々から見れば古くさいものであろうが、親が子や孫を思うのと同じように、なにより読者のためを思って説く博士の教えは、物事を真面目に考える人からは必ずや受け入れられるはずである。そして博士の書には、この種の知恵がぎっしりと詰まっているのだ。

もうひとつ、私が本多博士の三部作から受けた大きな感銘は、これらが昭和二十年代に書かれたものであるにもかかわらず、マルクス主義の思想にまったく毒されていないことであった。共産主義が台頭し、貧困こそ美徳、といった戦後の風潮のなかで、まったく悪びれず「経済的な自由なくして、学問の自由なし」と言い切った博士の勇気は、いまこそ再評価すべきであろう。

博士の著作の根底には、明治維新の直後に日本に紹介され、当時の青年たちに多大な影響を与えたサミュエル・スマイルズの『西国立志編』にあるような、「セルフ・ヘルプ」すなわち「自助の思想」が流れている。この自助の思想は、社会主義に侵される以前の大英帝国を史上最高の繁栄に導いたもので、その後のイギリスは、このセルフ・ヘルプの時代の遺産を食いつなぐことでようやく成り立ってきたといっても過言ではない。本多先生の教えからは、国も個人も、大英帝国をもっとも偉大ならしめた時代の生き生きとした思想がダイレクトに伝わってくる。

不幸にして、戦後のわが国はかつてのイギリス同様に、「自助努力」よりも国の社会保障や福祉政策を求める声が社会のマジョリティとなっていった。もちろんそれにはプラスの面もあったわけだが、それが行き過ぎると社会主義国家・ソ連のような自壊作用をもたらすことは、二十世紀の歴史が端なくも証明している。金の埋蔵量が世界一で、石油や森林資源も豊富に持つソ連が、なぜ国民を豊かにすることができず、ついには崩壊しなければならなかったのか？　それは一にも二にも、国民の心に「セルフ・ヘルプ」の心がなくなってしまったからなのだ。

それゆえ二十一世紀においては、再び「セルフ・ヘルプ」の心を取り戻すことが世界的に大きな流れとなっているが、日本でそれをもっとも理想的な形で実践し、個人として、強力かつ危なげない教えとして示した人といえば、本多静六博士をおいてほかにない。

この本多博士の名著が、本来の出版社である実業之日本社から復刊されることは、困難ないまの時代を生きる日本の青年のために、きわめて祝福すべきことと考えている。

最後に「本多博士の前に本多博士なく、本多博士のあとに本多博士なし」という、元中央大学総長・林頼三郎博士の言葉をもって、この解説を締めくくることとしたい。


（わたなべ・しょういち　上智大学名誉教授）

本書は、一九五一（昭和二十六）年十月に小社より刊行した同名書を、オリジナルの形で新たに出版するものです。このたびの刊行に際しては、本多健一氏（本多静六氏嫡孫、東京大学名誉教授）にご監修いただき、編集部で誤植・誤記の訂正、字句・仮名遣いの統一を行いました。また、岡村夫二氏による装画は一九五一年の初出時に使用したものです。

なお本書中、今日の観点から見ると不適切な表現が一部にありますが、著者の考え方と執筆当時の時代相を伝えるものとして、原則として底本を尊重いたしました。

（編集部）

私《わたし》の生活流儀《せいかつりゅうぎ》〈新装版〉

二〇〇五年　七月二〇日　初版第一刷発行
二〇〇五年一〇月二五日　初版第五刷発行

著　者　本《ほん》多《だ》静《せい》六《ろく》

監修者　本《ほん》多《だ》健《けん》一《いち》

発行者　増田義和

発行所　実業之日本社
〒一〇四―八二三三
東京都中央区銀座一―三―九
〇三―三五三五―二四八二（編集）
〇三―三五三五―四四四一（販売）
http://www.j-n.co.jp/

組　版　千秋社
印　刷　大日本印刷
製　本　ブックアート

乱丁・落丁の場合は小社でお取り替えいたします。
小社のプライバシー・ポリシーは右記サイトをご覧ください。

ISBN4-408-39583-8（第三）